曾仕强

著

道经

曾仕强详解道德经

民主与建设出版社

·北京·

© 民主与建设出版社，2023

图书在版编目（CIP）数据

曾仕强详解道德经. 道经／曾仕强著. -- 北京：
民主与建设出版社，2016.7（2024.5重印）
　　ISBN 978-7-5139-1122-1

Ⅰ.①曾… Ⅱ.①曾… Ⅲ.①道家②《道德经》—通
俗读物 Ⅳ.① B223.1-49

中国版本图书馆 CIP 数据核字（2016）第 121483 号

曾仕强详解道德经. 道经
ZENG SHIQIANG XIANGJIE DAODEJING DAOJING

著　　者	曾仕强
责任编辑	顾客强
封面设计	后声 HOPESOUND Pankouyugu@163.com
出版发行	民主与建设出版社有限责任公司
电　　话	（010）59417747　59419778
社　　址	北京市海淀区西三环中路 10 号望海楼 E 座 7 层
邮　　编	100142
印　　刷	河北环京美印刷有限公司
版　　次	2016 年 7 月第 1 版
印　　次	2024 年 5 月第 4 次印刷
开　　本	710 毫米×1000 毫米　1/16
印　　张	14
字　　数	163 千字
书　　号	ISBN 978-7-5139-1122-1
定　　价	39.00 元

注：如有印、装质量问题，请与出版社联系。

目 录

曾仕强详解道德经：道经·现场一

在奔腾的黄河和崇山峻岭之间，有一个雄关要塞，因其关在峡谷之中，深险如函，故被称为"函谷关"。这里不仅曾是刀光剑影、战马嘶鸣的古战场，还是中国著名的哲学家、思想家——老子，写下《道德经》的地方。《道德经》仅仅五千言，却涵盖着深厚的哲学思想，被称为"玄而又玄"的学问。那么，《道德经》究竟玄妙在哪里？两千五百多年过去了，当中国社会进入飞速发展的时期，《道德经》又显示出哪些重要的意义呢？

现在我们来到老子当年写作《道德经》的地方，就是函谷关。我们应该做三件事：第一，想象一下当年老子为什么非要西出函谷关，他一定有他的道理。第二，他为什么不骑马，而是骑牛，还要倒着骑，这不很奇怪吗？第三，他写《道德经》的时候，心情是怎么样的？如果我们明白这三件事情之后，再来读《道德经》，应该会跟老子的思想更加贴近。

老子在鹿邑长大，到过很多地方，见识非常广博，后来还被礼聘到周王朝的京城，也就是洛阳，担任相当于现在的图书馆馆长的职务，因此他对一切事情都了如指掌。当年洛阳兵荒马乱的时候，老子就感觉到，这个图书馆馆长很难当下去。书不是被烧了，就是被抢了，或者被偷了，他甚至连工资都没有。大家都往四方八面逃命，他也在想自己该去哪里。

老子看见水流的方向，发现我们中国的水，都是自西向东流。有一句话大家非常熟悉，叫作一江春水向东流。因此，他就想到，我们中华文化的源头，一定在西方。现在的考古也证明，中华民族的历史，是从西北慢慢向东南发展的，这是事实。所以，老子就往西走。当时洛阳要往西，唯一的路，就是函谷关。函谷关在当时非常有名，有名到只要讲到"关"，大家就认为是函谷关，否则就是没有常识的表现。

函谷关，为春秋战国时期秦国所建，是当时东至洛阳，西达长安的唯一通路，素有"一夫当关，万夫莫开"之称。当年六

曾仕强详解道德经：道经

国伐秦大军曾在这里，"伏尸百万，流血漂橹"。日本侵略中国时，在函谷关打了几天几夜，也没能越过关隘半步。传说春秋时期天下大乱，函谷关守将尹喜，看见一位老人，倒骑青牛，缓缓而来。这位老人，就是老子。老子为何倒骑青牛？他又为什么会在函谷关，写下《道德经》呢？

老子倒骑着青牛慢慢往西走，我们就很疑惑：老子为什么要倒着骑牛呢？其实很简单，当他从洛阳一路走过来的时候，发现本来很平坦的地面，越往西越不平坦，越有丘陵起伏，他就知道自己离开故乡越来越远了，不知道什么时候还能回来，到底还能不能回来。在这种心情之下，老子虽然骑在牛上，可不断地往后看，一直往后看，所以他给尹喜的第一印象，就是倒着骑牛的。我讲的这些都跟《道德经》有非常密切的关系，因为我们中华民族的学问，是从象开始的，有什么样的象，就会想出什么样的道理。

后来老子发现，函谷关的领导，名字很奇怪。尹喜，尹就是欢迎的迎，喜就是天大的喜事，表示他是抱着一个很诚恳、很恭敬的心，把老子的到来，当作一件天大的喜事。所以，当尹喜跟老子要求，既然要离开故里，总得替我们家乡的子弟，留下点东西的时候。老子会想：这是不是一个巧合，还是天意所在？其实在当年，老子就已经很有名气了，很多人都在跟他学习，又在这种盛情难却的情况之下，他毅然答应了尹喜的要求。但是老子在写的时候，感觉到自己的责任很重大，他毕竟是个思想家，要么不写，要写就是讲千古不变的道理。我们今天说，老子写五千字，实际上只写了一个字，就是"道"。因此他破题就讲："道可道非常道，名可名非常名"，就是在告诉我们，道不可道，名

4

不可名。只要你活着，就不可能把道说清楚。很多人不敢讲这个话，所以才造成很多不同的主张，不同的言论，不同的解说。

现在科学家已经替老子这句话做了证明。以前我们总认为，科学可以解开真相，可以告诉我们真的东西。就在两三年前，科学家才发现，科学无法解开宇宙的奥秘，不能够告诉我们真相。科学只是一条越来越靠近真理的线，但是永远无法告诉我们什么叫作真理。

道可道非常道，大家可以问问释迦牟尼，他会告诉我们，不可说不可说。你去问释迦牟尼佛，干吗写那么多部经，想把我们累死吗？释迦牟尼会告诉我们：我讲道讲了四十九年，未曾讲过任何经。其实这些道理，《易经》已经讲得非常清楚了。天下所有的学问，不管古今中外，用一句话就可以全部讲完，叫作一阴一阳之谓道。如果没有一阴一阳的这种思路，要把学问说清楚，是不可能的。

> 天下所有的学问，不管古今中外，用一句话就可以全部讲完，叫作一阴一阳之谓道。
>
> ——《道德经》的智慧

讲到这里，很多人又开始疑惑：难道宇宙真的有那么奥秘，使人类无法去突破，无法去认知吗？答案是肯定的。

古往今来，有多少仁人志士，上下求索追求真理，甚至有人声称，已经掌握了宇宙的真理。但是老子为什么却说，没有任何人，可以掌握宇宙的真理，人类所做的一切，都只是在不断地接近真理之中呢？

当我们认为科学越发达，未知的部分大量减少的时候，其实刚好是相反的。换句话说，当我们发现已知的部分越大，其实未知的部分更大，而不是更小。懂得越多就越疑惑，所以只有知识少的人，才会说就是这样，一定是这样，没有那回事之类的话。

当日本没有发生核电爆炸的时候，全世界都告诉我们，核电是最安全的，而且是科学家保证的。可当核电发生问题的时候，世界上两大核电国家——法国和美国，都说自己没有办法，因为事先想不到会这样。如果没有金融风暴，我们能想象美国会发生金融风暴吗？如果没有欧债危机，我们会想象欧洲会变得这么糟糕吗？这就是老子所告诉我们的，也就是《易经》所讲的，一切都是变动的，不是固定的。《易经》本来叫变经，后来才改叫《易经》，就是因为连"变"都是不可靠的。

我们中华文化，从汉朝以后就开始倒退了。我们所谓的圣贤几乎都在先秦，汉朝以后，中国人越来越糟糕。为什么会这样？因为我们把道拿来考试。由于各人所持见解不同，论道的结果一定是争论不休，这就违反老子所讲的不争。中国人很好商量，却没有办法讨论，一旦讨论起来就板脸，各有立场，各有门派，相争不下。看看我们现在的论坛就很清楚了，相互争来争去，都是在浪费资源，最后都会一无所成。

我们真的要面对现实，不要幻想，西方人可以讨论，他们是真理越辩越明。中国人却做不到，否则诸子百家都在讲道，为什么讲到最后却水火不相容。我必须要说清楚，当诸子百家刚出现的时候，他们是很融洽的，都在商量如何来解释。但是到了徒子徒孙辈，各家过分固执，就造成了门户之见，还搞得水火不相容。

现在，我们应该慢慢接近老子的思维，他告诉我们，他不反对任何东西，但是也不赞成任何东西，其实这跟孔子讲的"无可无不可"是一样的。很多人研究儒家的思想，却没有了解到，儒家的核心思想，就是这五个字，叫作"无可无不可"。天下没有东西是可以的，也没有东西是不可以的。

老子说，有是从无中生出来的，但是他也提醒我们，不能执着于有，也不能执着于无，因为有无是相生的，有会变没有，没有会变有。这样我们才能慢慢接近老子的思维。为什么释迦牟尼佛会讲空？我现在跟大家讲清楚，我们绝大部分人，都是到死的那一刻，才知道一切都是空。

> 儒家的核心思想，就是这五个字，叫作"无可无不可"。
>
> ——《道德经》的智慧

儒释道，是中华文化三个重要的组成部分，虽有不同，却是相通的。在函谷关，老子、孔子、释迦牟尼，供奉一室，体现了中华民族三教合一的文化。在世界各国，因为宗教不同，甚至可以引发战争，中国为什么可以三教合一呢？

我们为什么要三教合一，为什么要把老子放在中间，为什么西边是释迦牟尼，东边是孔子？这个道理，大部分人都不了解。宗教是什么？就是指向道的那一只手。基督教指向道，他们也讲太初有道。回教指向道，佛教指向道。现代人只看到了这只手，忘记了它指向的是道，而这个道才重要。宗教一定有戒律，一定有形式，否则就不叫宗教了。

我请问大家：拜孔子的时候怎么拜？千万记住，中国人示请，一定左手在上，右手在下，因为我们的右手比较有力气，左手比较没有力气。可是我们拜佛的时候，就不可以这样拜了。真正会拜佛的人，合掌，五指连在一起，但是手心不能贴在一起，中间要留空。手心贴在一起会站不住，因为阴阳合掌的力度是很强的。可如果你真的五指合一，中间空的话，菩萨就把你当作是佛家的子弟了。但我们不是佛家子弟，而是在家子弟，是俗家的佛徒，所以我们五指并拢，手心空的同时，还要把两个大拇指扣下去，目的是告诉菩萨不要叫我出家，家里的事我还没处理完。太上老君又怎么拜？很简单，右手拇指与食指做成"O"状，然后把左手的大拇指伸进去，左手抱右手，千万记住一定是左手抱右手，就这样拜。

当你到三教合一的地方，不知道怎么拜，怎么办？其实，怎么拜很简单，爱怎么拜就怎么拜，想用什么方式拜，就用什么方式拜。不要只看到拜的手势，忘记了道，因为手是指向道的，那个道才重要。我们按照老子的思想，奉劝各位一句话，大家可以放心地做佛徒，最好不要做佛教徒；可以放心地做基督徒，最好不要做基督教徒。这个教很可怕。但是我们道家的教，和其他的教是不一样的，道家的教叫作教化，而不是宗教。

我们应该感谢伏羲氏，他没有给我们宗教的信仰。但是有些人只相信有，不能相信无，所以他必须有宗教，当然我们也没有反对的意思。所以每次，人家拜，我就跟着拜；人家划十字，我就跟他划十字；人家五体投地，我也跟着五体投地。好多人问我信什么教，我说答案很简单，多几个人保佑不是更保险吗？我们要清楚，道包容所有的宗教，但是因为"道可道非常道"，所以不同的宗教都是从不同的角度来诠释道的。这样想，你的心胸就会宽广了。

老子西出函谷关，写下了流传于世、意义重大的《道德经》，但是两千五百多年过去了，为什么在现代社会中，道德不是越来越强，反而越来越弱了呢？

老子告诉我们，人本来是有道的，后来却变得无道了。为什么呢？就是因为有了身体。我们有了身体，就会受到外界的诱惑，一旦受到外界的诱惑，就控制不了自己，进而失道、失德。就这么简单而已。大家再好好想想，老子为什么说大道至简。其实他是很感慨的，他讲的话很容易懂，可是大家都听不懂；他讲的事情很容易做，可是大家都做不到。

孔子有个学生，叫曾子。曾子被爸爸打得遍体是伤，于是便跑到孔子那里去，希望老师安慰一下自己，没想到孔子骂他不孝。曾子说："我怎么不孝？爸爸打我，我就让他打。"孔子说："你不跑，让你爸爸打死了，就是陷你爸爸于不义，怎么还是孝呢？"曾子铭记在心，等下次他爸爸要打他，他就跑开了。而他认为孔子这次会奖励他，结果孔子又骂他不孝。曾子不解："我怎么不孝？"孔子说："你让你爸爸打几下，会怎么样呢？跑那么快是想把你爸爸气死吗？"这就是《易经》的思维，跑不对，不跑也不对；让爸爸打死不对，跟爸爸吵架更不对，什么都不对。所以，我们就归纳出两个字，其实我们所有的经典最后都可以归纳成这两个字，就是合理，即中庸，简单一个字叫作中。我们河南人，最懂得中国的智慧，凡事都说"中、中、中"，"中"就是合理的意思，它不是合法，跟合法也没有关系。

我们还要把孔子讲的三季人，在这里对照一下。有一个人听说孔子很有学问，于是就来到孔子家，想登门拜访。他发现一个学生在那里扫地，就说："请问你是孔子的学生吗？"学生回答："正是。"此人说："那我能不能请教你一个问题，一年有几季？"孔子的学生心里觉得很好笑，一年有几季还用问，便说："四季，春夏秋冬四季。"这个人说："你错了，一年只有三季。"这时候孔子正好出来，这个人就抓住孔子说："你这个

曾仕强详解道德经：道经

学生，居然告诉我一年有四季，你说一年到底有几季？"孔子回说："三季。"于是，这个人高兴地走了。学生又生气又不解，孔子说："你没有看见那个人全身都是绿色的吗？他是蚱蜢，一年只活三季，从来没有看过冬天，你跟这种人讲四季，怎么可能讲得清？"这个故事告诉我们，现在凡是要和你论道，给你讲半天的，你就想他是三季人，不跟他计较便是了。

《道德经》要我们，遵道而贵德，所以它分为《道经》和《德经》两部分。道是先天而存在的，它跟天地同时存在，永远不会毁灭。各位要记住，人是会毁灭的，因为人的寿命很短，但是天地是不会毁灭的。在这种情况之下，我们要怎么办呢？接下来，我们就来探讨这个问题。

曾仕强详解道德经：道经·现场二

老子在函谷关写下《道德经》之后，西行不知所踪，两千五百多年过去了，老子留下的《道德经》，至今仍是人们认知宇宙与人生的经典。天地是永存的，生命是短暂的，那么人活着究竟是为了什么？在经济飞速发展的现代社会中，人们的生活越来越好，为什么痛苦却越来越多？学习《道德经》，真的能够解答我们现实生活中所遇到的困惑吗？

今天我们坐在函谷关的前面，是一个非常难得的机会。我们来这里是要明道的，而不是悟道论道的，也谈不上知道。老子当年在这里，看到函谷关三个字，是非常喜欢的。这个关把一条很险的道，含在山谷里面。他感觉很好，在这里写下《道德经》，意即把《道德经》永远含在这个谷里面，永恒存在。当然，现在的函谷关跟以前完全不一样了，要通过这个道，很容易，大概只需要半个小时。我们说，象是会变动的，但是象背后的本体，是永远不变的，这也是《易经》告诉我们的，有所变有所不变。

老子说：天下皆知美之为美，斯恶已。老子不反对美，他只是告诉我们，美是没有固定标准的。情人眼中出西施，有人觉得这个美，有人觉得那个美，才会各取所需，才不会争。今天我们都心烦意乱，就是因为有固定的标准。一切一切，都不应该有固定的标准，长跟短，高跟下，好跟坏，都没有固定的标准。可是后来，我们把它们变成了固定的标准。

有两句话，大家要记住。第一句，阴阳是易之门。中国的门一般都有两扇，我请问各位：门为什么有两扇？因为如果只做一扇就惨了，做得太大，小孩推不动；做得太小，东西放不进去。为什么一阴一阳才构成一扇门？中国人讲一就是二，讲二就是一，一个门由两扇组成，阳跟阴是门的两扇，代表《易经》。《易经》有两扇门，一个阴一个阳。

第二句，有无是道之门。道也有两个门，叫作有跟无。老子很坦白地告诉我们，"无"用来讲天地的开始。天地的开始是混

曾仕强详解道德经：道经

沌，所以我们今天常常讲盘古开天。而"有，名万物之母"，万物都是有了以后，才不得不给它一个名字。这个"不得不"是很重要的。我们不得不说这是桌子，有人要把它当作床用来睡觉，也可以。它不是一定要当床，也不是一定要当桌子。万物是从有开始的，但是天地是从无开始的，因为有了天地的时候，还没有万物。现在科学家已经证明，天地处在一片混沌未开的状态时，是无法生万物的，更不要谈到有人了。因此，老子让我们常常存有无的概念，这样才能够观。这个"观"很重要，全世界研究学问的人都是用观，叫作observational method，即观察法。

观察世界的目的，是为了认知世界，那么《道德经》中有和无的观念，对于我们观察世界，认知世界都有哪些影响呢？

我们常常存有"无"的概念，才能够发现天地的确很奥妙；常常存有"有"的概念，才能够发现千变万化的现象。这两个，一个叫作妙，一个叫作徼，其实是一样的，并没有分别。妙是什么都看不见，没有痕迹，说不清楚。徼是看得见，有痕迹，大致上可以说得清楚，这是在讲有跟无。

《道德经》开篇第一章的重点，在下面这两句话：**此两者，同出而异名，同谓之玄，玄之又玄，众妙之门。**这样标点，好像不太合适，老子的意思不应该是这样。"此两者，同出而异名"，我们最好这样标点：此两者同，出而异名。因为老子要告诉我们的是一个同的概念。一切一切都是同，没有不同。人因为立场、利害的关系，才开始有不同的概念。

现在，有一点我们可以讲得很清楚，就是人的烦恼、痛苦从哪里来？我们老觉得别人占尽便宜，自己吃定亏了，自己跟别人不同，心里不平，才会生气、烦恼、痛苦。其实《道德经》讲得非常清楚，人有生必有死，谁都没有例外。请问大家：人是怎么死的？只有一个答案，被气死的，而且是被自己气死的。所以，人只要不生气，就阴阳调和，就保健养生了，根本不需要吃什么保健品。人之所以会气不平，就是因为看出了不同。

老子告诉我们，此两者同，出而异名。只不过它出现以后，我们给予了它不同的名字而已，其实有就是无，无就是有，并没有不同。但是现在，我们大部分人不能接受。有就是有，没有就是没有，怎么可能有就是没有，没有就是有呢？中国人常常讲一句话，很多人没有办法了解，即吃亏就是占便宜，占便宜就是吃亏。如果有一天你领悟了这句话的含义，就会心平气和，就不会生气，不会争，也就进入老子的境界了。我们现在就是自认为聪明，才会有无尽的烦恼。

> 吃亏就是占便宜，占便宜就是吃亏。
>
> ——《道德经》的智慧

"同谓之玄，""同"后面也要加上一个逗号：同，谓之玄。明明不同为什么同，这就是玄妙之所在。一个人不明道的时候，他认为不同就是不同，一旦明道，就知道一切都是同。当你得到好处的时候，已失掉太多的东西；当受到挫折的时候，却获得了太多的东西。但是一个看得见，一个看不见，如果我们只注意看得见的部分，就很生气；如果能够不执着于有，进入无的境界，就知道自己得到了很多好处，进而心平气和了。

我们必须要说明，儒家给我们的是求生的道，叫作生存之道。如果我们完全照儒家行事，就会很辛苦，时时警惕，处处小心，一点错都不行，实在太累。道家告诉我们要保生，它说求生是不错的，但是用身体去换取，是不对的，所以要保生。因此，

15

曾仕强详解道德经：道经

道家在养生保健方面，世界第一。佛教既不叫你保生，也不叫你求生，而是叫你乐生。我很钦佩先人的规划，我们把三教合一在这里，就叫作同。

函谷关位于豫陕晋三省交会之处，现在已经成为国家4A级旅游胜地，这里有太初宫、道圣宫、函关古道等多处景点，但人气最旺的，还是共同供奉老子、孔子和释迦牟尼的地方。这里，为什么会成为三教合一之处呢？

因为这里是老子写作《道德经》的地方，那个"同"字一定要在这里发挥很大的作用，天下才会太平。

我在这里要说清楚一点，西方的地球村是行不通的，没有指望的。为什么？因为西方人不懂得老子的道，他们所谓的地球村，就是说我是强国，我最大，你们都要听我的。这算什么地球村？这样各位才明白，为什么每一次为了地球村集会的时候，各个国家的领袖及其他个人、团体都抗议。

那怎么办？就是要用我们的世界大同去取代。大同由《易经》中的两个卦而来，一个是同人，一个是大有。同人就是大家都是人，不必要分那么清楚，大家都有份，不必那么着急。这样才能大同，才有办法实现地球村。如果大家很深入地去了解，就会知道，我们这次把道发扬出来，是为了促进世界和平发展，人类共存，解除战争的威胁。"同，谓之玄"，哪一天知道这原来是同的，就明白这是玄妙的所在。

"天下皆知美之为美，斯恶已"，恶，是可恶、不好的意思。我们慢慢会领悟到，老子的确了不起。现在我们看到女性，都叫美女，不管她长得多丑；看到男的，都说俊男，不管他俊不俊。这都响应了老子的号召。以前我们是分的，这个比较漂亮，那个不漂亮，现在通通一样。一旦有这样的观念，就可以打破很多界限，甚至可以把心上的不平之气平掉。

"皆知善之为善，斯不善已"。教你知道什么是善的，就一定是作假的人。现在都是善人，最后才发现是伪善者。有人去庙里头拜，事先带着很多零钱，看到功德箱就塞，不管是谁，塞了再说，实在非常糟糕。

"名可名非常名"，就是不执着，唯事所变。人不得不有分别心，人不得不认为不同，这是老子很操心的事，所以他就引证了有无是相生的。没有无，哪里有有；没有有，哪里有无。就比如我们这个身体，就是从中阴身开始的。人在投胎的时候，是带着一个模具的，这个模具叫作中阴身。你这辈子长成什么样，身高体重如何，都是先前定好了的。每个人长得都不一样，你之所以长成这个样子，是你自己的需要，所以人不要随便去整容，否则整到最后就会不知道自己这辈子在干什么。

道家的养生指的是养神，不是养形。现在的人都在养形，神都飘忽不定了，养形还有什么用呢？道家主张第一养神，第二养气，第三养心，第四养精，第五养形，前面都做到了，自然会形于外，千万不要搞错顺序。真正炼气的人，不需要涂任何化妆品，只要把气运在脸上，就可以了。

道家所追求的养生，最重要的是要有一个好的心态，然而人生不得意事十常八九，面对生活中的种种挫折和艰难，我们如何才能保持一个好的心态呢？

事物都没有一定的标准，难易、长短、高下，都是比较出来的。所以我常常讲，你长得高，要谢谢那些长得矮的人，正因为他们长得矮，才显得你长得高。成绩好的人，要请那些成绩不好的人吃饭，没有他们，就显不出你成绩好。这样大家就心平气和了。

举个例子。领导给你一笔奖金，别人都会恭喜，还会问问给了多少。当然，这在外国是不可以的，不能问任何人结婚了没有，有没有小孩，薪水多少，这属于个人隐私，绝对不可以问。在中国，就可以放心地问，他要是不回答，你还可以骂他不够朋友。

外国的公司，到中国来，美国老板一定会交代，你领多少钱不要告诉别人，中国人都会回答我告诉别人干什么，你放心吧。结果谁领多少钱，大家都知道。外国人就很生气："我让你不要告诉别人，你怎么能告诉别人呢？"中国人回答："我哪有告诉别人？"外国人更气："你没有告诉别人，大家怎么知道的。"中国人很轻松地回答："我怎么知道别人怎么知道的。"可见，老子的"道可道非常道，名可名非常名"，随时可以得以验证。

人家问你发了多少奖金，你回答三千，所有人脸色都很难看。我们就解释说，中国人见不得人家好，见不得人家发财。其实不是这样，是你不会回答才惹得大家不高兴。懂得老子的人会这样回答："晚上请大家吃饭，我得了三千奖金。"所有人都会笑眯眯。你要先讲请大家客，不要先讲得了三千奖金。先后的顺序要搞清楚，这在《大学》里叫作：知所先后，则近道矣。外国人常常问我："你得奖金是因为你努力，有特别贡献，跟别人有什么关系？"我说："对中国人来说一定有关系，只要我不请客一定倒霉，如果我拿了奖金不请客，他们就想尽办法，叫我出一次大钱。"中国人就是这样，拿一点钱出来是花钱消灾，若不舍得花小钱，总有一天得花大钱搞一桌大的。

大家慢慢去体会，为什么中国人捐钱，都不用自己的名字。现在很多人不懂这个道理。你用自己的名字捐了三千块就惨了，晚上姨妈打电话来："既然可以捐三千，怎么不拿两百给我花？"最起码会惨三个月，而用无名氏就没事了。

老子告诉我们，真正要做好事，就用无名氏，不要署名。因此《道德经》是谁写的，他都没有意见，更不会申请什么智慧财产权。我们真的要好好去体会。圣人看到前后是相随的，高下是相承的，一切都是相互依赖，没有办法独立的，于是就处无为之事，行不言自教。

老子在《道德经》第二章中说到，是以圣人处无为之事，行不言之教。孔子说应该"作为"，老子却说应该"无为"，那么我们到底是应该做事，还是应该不做事？这里的"无为"，究竟是什么意思？又该如何正确理解，老子所说的无为呢？

很多人认为"无为"就是不作为。孔子叫我们做，难道老子叫我们不去做吗？绝不可能。老子不辞劳苦一直跑到函谷关，又写了五千字《道德经》，这不就是在有作为吗？所以，无为，不是不作为，而是不要违反自然规律。

人一定要做事，人活着就是要做事的，活到老要做到老。更进一步讲，活到老要贡献到老，还要无私地奉献。因为人到一定的年纪，孩子可以自己谋生活了，就没有什么好顾虑的了，你有多余的精力，多余的时间，可以放心地为社会做一些贡献。这才叫作"处无为之事"。

什么是"行不言之教"呢？今天的人太热心，老喜欢教别人。殊不知就是因为我们太热心，才教到小孩没有兴趣读书。小孩本来很喜欢读书，但是你太关心他，他就不想读了。你去问小

曾仕强详解道德经：道经

孩为什么读书，十有八九会告诉你，是为父亲读书，不是为他自己读。

讲到这里，我想起了我爸爸。我爸爸是最了不起的，他告诉我考试考六十分及格就好了，考多了也不能当饭吃。我妈妈也非常配合他，我从小没有听过我妈妈叫我去做作业去读书。我妈妈只讲一句话：去睡觉，十点了还不睡，早睡早起身体好。我就跟妈妈讲，作业还没有做完。她说没关系，先睡觉。我觉得她真了不起，她完全是遵照老子，溯本追源，找到了根本。因为我回家不敢去玩，要赶快做作业，否则到了时间就要去睡觉，第二天作业做不完，老师就会打手心。她没有叫我做作业，我都是主动做作业，这才是会教的人，这才叫作不言之教。

我曾经问过厦门大学一个教授，他有三个小孩，全都读到很好的学校，拿到了博士学位。我问："你是怎么教小孩子的？"他说："你讲的话太可笑了，他们三个读得好，很容易得到博士学位。因为我穷，如果我有钱的话，保证他们都做不到。"我说："怎么会这样？"他回答："家徒四壁，工资这么少，没有办法到处应酬，只好回家读书。三个小孩傻傻的，也跟着读书，就读到博士了。"这就是"行不言之教"，换句话说，就是以身作则。

这次，我们面对《道德经》，真的要从根本去认识老子。我们一章一章把它搞明白，希望大家都能有所领悟。

曾仕强详解道德经·道经·第一集

两千五百年前，中国著名的哲学家、思想家老子，在函谷关写下了五千言《道德经》，成为中国传统文化的宝贵经典。《道德经》共有八十一章，其中《道经》三十七章，《德经》四十四章。《道德经》中有许多智慧的名言，在民间广为流传，但是也有一些思想，被现代的人们所误解。

要研究《道德经》，最好先了解一下老子为什么要写《道德经》。我们都很清楚，道并不是老子首先发现的，应该追溯到伏羲氏。伏羲氏知道，一切一切都有一个总根源，只是当时没有文字，无法来说明，只好在不得已的情况下"一画开天"。这个在现在被看成符号的"一画开天"，当时叫作象，而且一直影响了几千年。我们中华民族，非常地执象，看天，讲天象；看人，讲人象；看地，讲地象。

老子看到这种状况，就感觉到如果人们再这样执象下去，迟早会被象困住，没有办法再继续往前进。当然，这对伏羲氏来讲，也是很不好的现象，因此他决定要破象立道，即把象破掉，然后把道引出来。但是老子也很清楚，伏羲氏画象，大家便执象，因此他也担心一旦说出道来，大家又开始执道了。所以，《道德经》开篇就讲：**道可道非常道**。这是带有警告意味的，意思是说：各位，我是好心好意，把伏羲氏当年没有办法讲出来的事情说出来，起了个名字就叫作"道"，但是你们不要执迷于道。所以"道可道非常道"实际上是用来破道的，这点我们一定要清楚。

关于"道"，现在我们都很清楚，它是永恒的，代表宇宙万象，包括人生的一切造化。因此这个"常"字非常重要，"道"再加上一个"常"字，就变成"常道"。"常道"就是恒常的道理，这里面

"常道"就是恒常的道理，这里面有变的部分，也有不变的部分。

——《道德经》的智慧

曾仕强详解道德经：道经

有变的部分，也有不变的部分。这样大家就很容易明白，其实它跟《易经》的道理很接近。

接下来是：**名可名非常名**。"名"是名称。伏羲氏当年是没有文字的，所以没有出现"道"这个名称。在老子的时代，文字就比较成熟了，因而有很多名称。老子说"名可名非常名"，也告诉我们，名是不可名的，任何名称一旦说出来，就有很大的局限性，我们最好不要受它的影响，因此老子在这里也提出"常"字，"名"再加上一个"常"，就是"常名"，"常名"就是不会有局限性的名号，这叫"万物的自性"。

老子当年讲道，好像很玄妙。实际上，我们现在跟大家讲，宇宙万物有一个共同的根源，大家差不多都知道，那就是本体。本体也叫作形上。现在我们对于道是什么，它究竟存不存在之类的问题，应该比以前的人少很多疑问。在这种情况之下，我们就可以正式来讲《道德经》了。

同样说道，孔子多半说的是人道，而老子在《道德经》里面大多都在讲天道。天人合一在他们两个人身上，我们一定要做很合适的配合。老子是从天道出发，然后走向人道；孔子是从人道出发，然后走上天道。但是最后的目标是一样的，就是要把《易经》背后的那个道宣扬出来。《道德经》的源头是《易经》，《易经》是中华文化的总源头。那么，《道德经》的第一章，跟《易经》有什么配合的地方呢？

如果用一句话来概括《易经》，那就是"一阴一阳之谓道"。《道德经》第一章说：无名天地之始，有名万物之母。这个"无"和"有"，代表着什么？和《易经》中的阴阳是不是一样的呢？

《易经》开了一个易门，叫作"阴阳"，"阴阳易之门"，这是我们非常熟悉的。现在《道德经》第一章，它也开了一个道的门，叫作"有无道之门"。因而《道德经》第一章，有两个非常重要的概念：一个有，一个无。有无不完全等于阴阳，否则老子直接用阴阳就好了。

无，名天地之始；有，名万物之母。"始"跟"母"不太一样。"始"是开端，是本原，意思是本来是从这里出来的。而"母"，是能够使万物化生的一种动力。一切一切的总根源叫作"无"，但是"无"里面要想产生万物，就要靠"有"。如果没有"有"，就产生不了东西。"无"跟"有"这两个名词，是我们学习《道德经》，必须要好好去了解的。

接下来老子说：**故常无，欲以观其妙；常有，欲以观其徼。**"常无"的意思是说，我们常常要站在这个"无"的立场，来想事情。你本已"无"，又不离开"无"的时候，就有可能观察到宇宙天地如何变化的玄妙。你常常本已"有"，就能看到宇宙万物看得见的部分的变化。这两边用的方法都一样，叫作"观"。"观"，不是只说用眼睛看。用眼睛看，叫作"见"，而"观"不一定看见，它是要透过精神来体现的。我们常说观世音菩萨，至于他的眼睛有没有在看你，你不知道，可是他的观是最高明的，他透过精神来观，比你用肉眼去观，要明白得多。

在提出了"有无"的概念之后，老子紧接着说"此两者同，出而异名。"在人们通常的理解中，有就是有，无就是没有，它们是截然相反的，可是老子却说"此两者同"，"有""无"怎么会相同呢？

曾仕强详解道德经：道经

此两者，同出而异名。这里要改变一个标点符号的位置，即"此两者同，出而异名"。如果这样标点的话，整个意思就完全凸显出来了。"此两者同"，告诉我们"有"跟"无"是相同的，只是名称不同而已。换句话说，"有"跟"无"本来是在道里面，出来以后给它两个不同的名字，因而"有"跟"无"不是对立的。我们现在很喜欢用对立，其实世界上没有对立的东西，它们是相对待。相对待就是彼此会浮动、彼此会迁就、彼此会变化。对立就糟糕了，就僵在那里了，所以我们以后尽量不要让任何事情对立，要让他们相对待，彼此尊重、彼此包含，做良性的互动。

老子为什么在名之后，马上讲出"无"跟"有"？他是为了告诉我们"无"是一个名称，"有"也只是一个名称。所以，大家不要太执着，千万不要认为有就是有，没有就是没有，有跟没有这两个是不通的，是对立的，不要有这种观念比较好。

下面接着说：**同谓之玄，玄之又玄，众妙之门**。"同谓之玄"，就是因为同，所以才叫作玄妙。整个《道德经》的观念，这两个字也是很关键的，叫作"玄同"。"玄同"现在一般人看不懂，认为是不同，但是如果站在更高的层次，看得更深入、看得更广一点，就会觉得它本来是一样的。

"玄之又玄"，为什么要用两个"玄"？就是说前面的"玄"，要把它破掉。现在很多人都说，老子玄，《道德经》玄，这是没有读通《道德经》。"玄之又玄"，后面这个"玄"，就是拿来否定前面那个"玄"的，意思是你认为这样是玄，实际我告诉你这是不玄的。因为它是"众妙之门"。那么，"众妙之门"是什么意思？世界上有形形色色的形象，这个"象"，是从"众妙之门"出来的。看到这里，大家一定会想到，这个"众妙之门"，就是我们平常所讲的天门。本来就是这样，天门是似有似无，又有又无的，就是道。这样大家就可以看出来，向内观可以观到道体之妙，向外观可以观到道用之妙。

讲到这里，我们就把整个的第一章看得很清楚了。有几个要点，第一个是"道"，它是宇宙万物的本源。第二个是"常"，它是恒常，不能常常变动。第三个是"名"，它是很不可靠的，只是一个名号而已，不要太相信。第四个，"无""有"。第五个，最要紧的字叫作"同"。

现在开始我们就要接着来探讨，为什么"有"跟"无"是相通的。老子第二章，就开始要把"有"破掉。之所以要先把"有"破掉，是因为一般人痛苦的来源就是"有"。怎么你比我多，怎么你用的东西比我贵，怎么你升迁比我快，所有痛苦都是从"有"而来的。人如果不把"有"破掉，怎么都是痛苦不堪的，所以接下来我们来看《道德经》第二章。

《道德经》第二章中说："天下皆知美之为美，斯恶已；皆知善之为善，斯不善已。"这句话是什么意思？老子所说的美丑、善恶，与我们现在的一些社会现象，有着怎样密切的关联呢？

《道德经》第二章：**天下皆知美之为美，斯恶已。** 当天下人对美这个名称有了定论，有了这种好恶之心，就糟糕了。"斯恶已"，意思是那就糟糕了，这是非常口语化的表述。"美"跟"丑"是必然存在的，老子不可能去否定它，他只是说，对"美"，每个人都有不同的标准，对"丑"，每个人也有不同的标准，这才是自然的现象。如果现在你用个人化的标准，认为这是时尚的，那是落伍的，这是高贵的，那是低贱的，这是美的，

27

那是丑的，天下就大乱了。因为美有了固定的标准以后，所有人都会集中到这边来。我们拿男人跟女人来做比喻，大家认为这个女人美，所有人都去追求她的话，对她好吗？当然不好，那对丑的人公平吗？当然不公平。"情人眼中出西施"，就是告诉我们美本来就没有一定的标准，你看她美，我偏看她丑，你说她丑，我却觉得很美。老子的意思，就是说我们不要有固定的标准，而不是在否定"美"跟"丑"，因为那是不切实际的事情。

皆知善之为善，斯不善已。"不善"不是恶，很多人看到"不善"就认为恶，这也是"名"在作祟，"不善"只是不好的行为，或者是假装的善，它不一定是罪恶的，所以千万不要对立。如果大家都知道，善是有固定标准的，很多人就会装模作样，去符合那个标准，标榜自己为善人，然后假借善人的名义去做坏事。老子所讲的话都不幸而言中，现在人大部分都是这样。我捐一千块，我就榜上有名了，我就是好人好事的代表了，就可以放心地做坏事。

老子用六种现象来告诉我们，把"美"跟"丑"对立，把"善"跟"不善"看成有一定的标准，都是很可笑的事情。哪六种现象呢？**有无相生，难易相成，长短相形，高下相倾，音声相和，前后相随。**"有无相生"，"有"跟"无"是道的一个部分，它不对立。"难易相成"，"难"跟"易"是相比较的，有易才有难，有难才有易。"长短相形""高下相倾"，"长"要靠着"短"，"低"要靠着"高"，才能比较出来哪个长哪个短，哪个高哪个低。"音声相和"，声音是要调和的，不能太刺耳了。"前后相随"，前后是相辅相成的。如果就你一个人走路，你根本不知道是在前还是在后。所以，美丑、善恶也一样，是比较出来的。

根据这六种自然的现象，老子归纳出两句话：**是以圣人处无为之事，行不言之教**。这两句话也是《道德经》的重点。我们先说"圣人"这两个字，《道德经》五千多个字里面，提到"圣人"二字的共二十八次，出现在八十一章里面的二十三章中，可见它的比例相当高。圣人在老子跟孔子的心目中，都代表人间最高的理想人物，但是他们两个对圣人的理解也有所不同。孔子一讲到圣贤，一定讲"尧、舜、禹、汤、文、武、周公"，而老子从来不提他们的名号，并不是老子看不起"尧舜禹汤"，而是在告诉我们，就算"尧舜禹汤"来到现代，也不可能按照他们的方法再做一遍，也不一定还是"尧舜禹汤"。既然这样，还执着于他们的名号干什么？

孔子是指名的，老子是不指名的，因为老子知道名不可名。既然自己说名不可名，还到处讲这个，岂不是很奇怪？因此关于什么叫"圣人"，老子给出两个原则，就是能够"处无为之事"，能够"行不言之教"，这样的人就叫圣人。

"是以圣人处无为之事，行不言之教"。这里面的"无为"是人们争议最多的。因为孔子说"有为"，老子却说"无为"。那么，我们到底是应该做事，还是应该不做事？这里的"无为"究竟是什么意思呢？

什么叫"无为"，这是非常有争论的。很多人从字面上理解，"无为"就是什么都不做。人如果什么都不做，就是死人。坦白讲，人活着就是要动，动就是要做事，不然就是乱动。老子不可能否定人要动，不可能否定人要做事，所以"无为"绝对不可以解释成不做事情。这个"为"，是违反的意思，你要做事可以，但是你不能违反自然的规律，就这么简单。圣人一天到晚都在做事，他就叫圣人，但他做的每件事都顺应自然规律，而且还"行不言之教"。这个以后很多地方会讲到。

《论语·阳货篇》中也有这么一句话："天何言哉，四时行焉，百物生焉，天何言哉。"可见这个"不言之教"，孔子也深有体会。讲话根本没有用，我们经常讲，讲几百遍，大家还是听不懂。言教不如身教，若是你身教他还看不懂，那就是他的事了。人都是自作自受的。

老子讲"圣人"的两个原则，一个叫作"处无为之事"，一个叫作"行不言之教"，然后他有一个总的概括来说明为什么是这样两个原则，因为自然现象就是这样：**万物作焉而不辞，生而不有，为而不恃，功成而不居**。这一段话在《道德经》的很多地方出现，这是老子思想的重点。"辞"就是推辞，也就是离弃的意思。万物都在产生，都在发展，可是"道"从来不推辞。这就是说"道"生万物，万物都是"道"所生。"道"生了万物

以后，从来不离开万物，也不抛弃万物。对"道"来讲，没有弃物，也没有宝贝，皆是一视同仁。它生而不有，它永远创生，永远生养，但是不占有任何东西，这样才能够生生不息。看看我们的妈妈，生了一个小孩，要去养他，累得要命，了不起生八个，就不能再生了。而"道"可以一直生，就是因为它生而不有。

对『道』来讲，没有弃物，也没有宝贝，皆是一视同仁。

——《道德经》的智慧

"为而不恃"，它做事情以后，没有说这是我能干，这是我的才能。现在每个人都认为自己很能干，这是违反天道的。老天都没有说过它能干，你凭什么说你能干。最要紧是"功成而不

30

居"，"生"也好，"为"也好，都是自然而然的，道没有认为这是它的功劳。当然一般人是不容易做到的。

老子给我们的鼓励，还在后面两句话：**夫唯弗居，是以不去**。"不去"就是不朽，永远存在的叫"不去"。因为不居功，所以永远有功劳。我们中国人什么事情都是谢天谢地，实在比外国人聪明太多。外国人老谢这个、谢那个，而谢的人可能有一天会利用你，让你深受其害。中国人永远谢天谢地，无心居功，无求以"不去"。一个人处处要功劳，处处争取这个、争取那个，所有人都会打击他，总想把他的功劳去掉。你没有功劳，人家都说你辛苦了。你有功劳，还让人家说什么呢？这是大家经常看到的。

直到现在，老子的每一句话，都可以在人群社会当中，随时随地发现，这是老子了不起的地方。老子讲了这些原则以后，又很明确地提出，人群社会之所以这么乱，是因为有四大乱源。前面两个字，大家比较容易了解，叫作"名""利"，人人争名夺利。后面两个字大家可能会愣一下，叫作"欲""知"，欲望太多，知识太多，也不是一件好事。有人就很奇怪，知识不是越多越好吗？怎么会成为社会的乱源呢？我们将在下一集分析。

曾仕强详解道德经·道经·第二集

《道德经》第三章说："是以圣人之治，虚其心，实其腹，弱其志，强其骨，常使民无知无欲，使夫智者不敢为也。"这几句话引起了人们的许多争论。有人认为"弱其志"，是道家消极处世的人生态度，也有人说"常使民无知无欲"，是愚民政策。那么，老子真的提倡愚民政策吗？这几句话到底应该怎样理解？而老子所说的"圣人之治"，又是什么样的呢？

老子在《道德经》第三章里面，提出了"四大社会乱源"，分别为名、利、欲、知。所以第三章首先就说：**不尚贤，使民不争**。

老百姓争的就是那个名。你说要考进士才能够当官，他就拼命去考进士；你说要有才德才能够被重用，他就拼命去追求才德。这种现象历朝历代都有，表面上是忠臣，最后才知道原来是大奸臣；表面上公正无私，私底下却自私自利。所以老子一针见血指出，整个社会，如果崇尚贤人，崇尚有才德的名，就会造成很多虚有其名，根本无才无德，却装得有才有德的人，使得整个社会都朝这个方向去竞争，然后搞得其他事情没有人做，这对整个人类是不利的。

我们几千年来，都是为了功名，为了考名校，为了拿博士，为了这个为了那个，不顾一切，甚至所有的东西都可以抛弃。达没达到目的的都开始骂，造成很多无形的压力，使得我们的生活不正常。老子这句话，要好好去思考。"名可名非常名"，不能崇尚任何的名号，否则大家就会盲目地、不顾一切地、不择手段地去争。

不贵难得之货，使民不为盗。之所以有小偷、有强盗，就是因为你家有奇珍异宝，他们才会动你的脑筋。可是，为什么一块石头会变成艺术品，一件古董会有天价呢？就是因为有人贵难得之货。看到某个东西，觉得它很贵重，就把它的价钱炒得很高，本来没有什么的，马上就变成奇货可居，然后大家不顾一切去抢夺。拿不到的，干脆变成盗贼去抢。就算没有行动，最起码也产生一种叫作抢、偷的不正常的心理。

不见可欲，使民心不乱。这里，"见"要念xiàn。人只要表现出自己喜欢什么，很多人就会屈从。比如一家公司，为什么突然间干部通通去打高尔夫球了？就是因为老板喜欢打高尔夫球。为什么突然之间大家都去钓鱼了？就是因为总经理喜欢钓鱼。上面的人，只要表现出自己喜欢什么，大家都乱掉了。

什么叫作欲？"欲"是基本需要以外的东西，千万不要把欲解释成欲望。老子没有反对人有欲望，老子自己没有欲望吗？我都不相信。人为了生存，为了生活，有基本需要。基本需要是我们本能的、本身的需要，这不叫欲。除此之外的才叫欲。

老子举了以上三句话，告诉我们社会的乱源就是崇尚贤名，即"名"；就是贵难得之货，即"利"；就是把你自己基本需要之外的欲望强烈地表现出来，即"欲"。

名、利、欲，是社会的乱源。可是，自有人类社会以来，这些东西就客观存在，完全消除是不可能的。那么，在这种情况下，对于领导者来说，应该如何进行治理呢？

那么，圣人要怎么样来治理这个社会呢？老子说：**是以圣人之治，虚其心，实其腹，弱其志，强其骨**。

"虚其心"，要把心里头那种贪念虚掉，甚至不要有。但是现在人很可怜，比如在家里面，小孩子根本没有贪念，可是大人处处教他贪念：他的玩具比你的好，去跟他要；你看我有个新的玩具，你想不想要？所有的小孩的贪念，都是被大人给引出来以后，害他一辈子痛苦。心，含有欲跟知的功能。所有欲望，都是从心里头产生的，所有的知识都摆在心里头，然后你才知道这个、知道那个。其实，你知道怎么样做炸药，知道怎么样上网去买毒药，可是知道这些有什么好处呢？如果拿来教小孩，岂不是祸害无穷？

"实其腹"跟"虚其心"，刚好是相对待的。你要让他的肚子填得饱饱的，满足他基本的欲望，然后你才可以去疏导、去减少他的贪念。我们从现实层面来看，一个人没有东西吃的时候，反而比较单纯，因为他没有太多要求，只要温饱就感谢天地了。可是有了钱以后，就开始不虚心了，动不动就发脾气，动不动就骂人，动不动就神气得很。所以"虚其心""实其腹"，这里面有很多巧妙的地方，我们还需要配合《道德经》其他的章节来加以讨论。

政府要让老百姓温饱，我们今天叫作小康，然后还要实施教化。这教化是无言之教，而不是下命令，不是规定。政府要教化百姓让他们把那些喜欢奢侈、爱好虚荣、贪得无厌的心理慢慢虚掉。

今天大家都在说很多人"为富不仁"，为什么"为富会不仁"呢？这不是富的问题，而是不仁的问题。我们常常觉得好像圣人都叫我们不要有钱，这是不对的。因为富没有关系，但是不能不仁。为富不仁为什么可怕？因为它会扰乱人心，败坏风气。很多人讲钱是我赚的，我爱怎么花就怎么花，我都会说你这样子伤天理，因为所有人看到你，就觉得自己不如你，然后他就想抢劫你，说不定哪一天还想杀你。就算这些都没有，他也会羡慕你，觉得自己做人很失败。这样对谁都不好。

《道德经》所说的"圣人之治"，在"虚其心，实其腹"之后，接着说："弱其志，强其骨，常使民无知无欲。"这里的

曾仕强详解道德经：道经

"常使民无知无欲"，是不是愚民政策呢？我们常常教育孩子要"立大志"，可是老子却说要"弱其志"，这是为什么呢？

"弱其志，强其骨。""强其骨"比较容易，就是叫他强健自己的体魄，多劳动、多保健，少动歪脑筋。但是，我们今天都鼓励你要有意志力，你要立志等等，这就变成了争强好胜，整个和谐社会都被破坏掉了。你为啥鼓励自己的孩子考第一名呢？不过是把你自己的一些虚荣心建立在小孩的痛苦上面，这是爱他还是害他？

接下来这句话，引起了很多人的误解，就是**常使民无知无欲**。这不是愚民政策吗？当然不是。民智未开的时候，偶尔愚愚民还可能；民智已开以后，想要愚民，那是天方夜谭，根本做不到。所以不要用这种心智去看《道德经》，就算你认为老子不很聪明，他也不会那么笨，搞什么愚民政策。

那么，老子为什么说"常使民无知无欲"？"无知"，就是没有争名夺利的心智；"无欲"，就是不要有贪念。我们已经讲过了，尤其是对小孩子，基本生活需求要满足他，其他的不给。不能说什么都要满足。没有办法，小孩要；没有办法，隔壁有……这样算什么父母？人家都起洋楼，我们也要起洋楼，最后倒霉的只能是自己。"无知无欲"，意思就是说，人要过正常的生活，不要跟人家比，再说跟人家比干什么？一定要想办法整人家，想办法超越人家，这都是不需要也没有必要的事情。

接下来，老子讲得更妙：**使夫智者不敢为也**。"不敢为"的意思是不敢胡作乱为，整句的意思是说使那些有聪明才智的人，不敢胡作乱为。我们现在鼓励大家要有聪明才智，要创造，要有作为，甚至还要表现得跟别人不一样，全都错了，还搞得全社会过度生产、过度消费，不但民不聊生，连官也不聊生。因此，这个"不敢为"，将来也是个重点。现在很多人都是不敢为，其实这才是高明的。

为无为，则无不治。这是第三章的结论。你不称自己能干，不表示自己比别人懂得多，不表示自己很崇尚贤能，很会用人，这就是无为。你有判断力，知道这个货是好的，那个是不好的，而且有什么欲望就显示出来，让大家来满足你，这些都是乱源，若能消减掉，你就无不治，就算不去管什么，也能管得好好的。

《道德经》第四章是我们比较生疏的，但却包含了许多老子对于"道"的认知和解释。《道德经》第四章写到："道冲，而用之或弗盈。"老子为什么用"冲"来解释"道"呢？这和我们中国人常说的"冲茶"，有什么关系吗？

《道德经》第四章，首先一句话叫作：**道冲，而用之或弗盈**。有人说，道是冲而用之，其实不是。道冲，是个名词。因为道是虚的，一定要用冲，才有作用，如果道是静的，它就生不出东西来了。

中国人喝茶的时候，都说"冲杯茶"吧，为什么茶要冲？就是根据《道德经》来的。很多东西一冲，一个新的东西就产生了，那个味道也就出来了。"道冲，而用之或弗盈"，一个很简单的动作，但是不管你怎么做，怎么使用，它都不会满，因为一满就没有用了，这是个很重要的观念。我们老喜欢满，一满就招损了，所以最好不要让它满。

因此，"冲"，就是使它虚的意思，它永远不会满，所以它永远可以用，时时保持冲虚，就永远可以使用，这就叫道。

曾仕强详解道德经：道经

渊兮，似万物之宗。"渊"，是水的深谷。"似万物之宗"，它好像是所有万物的本源，万物好像都是从这里生出来的。科学告诉我们，海洋江河里面的很多东西，有很多是宇宙万物里面最早出现的。那它们是怎么生出来的呢？下面有一段话来说明这个过程，大家就能感觉到，我们对道的认识跟西方人对道的认识，好像有点不一样。

挫其锐，解其纷，和其光，同其尘。这四个"其"指的是什么？就是道的作用。道的作用是什么？人家有锐，你把它挫掉，那不是强制吗，不是不自然吗？当然不是。它是把自己锐利的那一部分锋芒，自己把它挫掉。道是很锐利的，可是它把自己的锋芒收敛起来，让你感觉不到。

我举个例子。天生人，天也杀人，怎么理解呢？人自然生，也自然死，这就是老天的作用，就是自然的作用，就是道的作用。可是你会不会害怕，觉得道要来把你收拾掉？当然不会。它让你没有感觉，让你自化。"自化"两个字，是道最了不起的。我是锐利的，可是我很收敛，让你没有感觉到威胁。它可以把很多的纷争化解掉，但是它的功劳好像从来不存在一样。我们从这四个"其"字，可以慢慢感觉到，道不威胁人，不利用人，不利诱人，不恐吓人，也不主宰人，这跟西方不一样。西方人认为上帝是主宰一切的。上帝创造了人以后就说，你们是我造的，既然是我造的，就要听我的话，就要敬仰我。这不是"为而不恃"，不是"功成而不居"。刚好跟老子所讲的相反，我们从这里才知道，中西文化为什么这么不同。

"挫其锐，解其纷，和其光，同其尘"，这四句话不仅是老子对道的解释，也深藏着老子为人处世的智慧。那么这四句，都包含了哪些，为人处世之道呢？

"挫其锐"，一个人不能锋芒毕露，到处要显示自己能干，那会死得很惨。

"解其纷"，别人有什么纷争，你不能说都听我的，而是要让他们自己去磨合，你在当中做了很多事情，但要让大家觉得你就像没有做一样。

"和其光"，不能用你的光耀去照别人，而是要让别人自己显出他的光耀。

"同其尘"，不能够善恶分明、是非分明，因为对圣人来讲，是没有坏人的。圣人看到坏人，自己要检讨为什么还有这么多坏人。

湛兮，似或存。深渊，一旦澄清下来的时候，我们就发现水里边也有东西，那就是道。道平常是看不见的，但是有时候，会隐隐约约看得见，好像那个"有"真正出现了一样。这告诉我们，无会生有。

道是什么？老子在这一章的最后说：**吾不知谁之子，象帝之先**。他用这句话来问道，非常有意思。这个吾，不一定是老子本身，因为老子是集大成的。我们中国人，很少有我的概念，所以这个"吾"就是我们。"我们找来找去，不知道它是谁的儿子，他的爸爸是谁，它的根源在哪里"。这句话是说，我们所看到的都是现象，都是道的作用，但是真正道的本体在哪里，我们不知道。

"象帝之先"，"象"就是《易经》里面八八六十四卦的卦象，就叫象。"帝"是最原始的，就是太极，一画开天。很多人解释"象帝"，解释来解释去，都没有找到根源。其实，老子

曾仕强详解道德经：道经

这句话说"吾不知谁之子"，就是要去找根源，结果你不去找根源，只在象跟帝上面转半天，当然转不出来。"象帝"，就是八八六十四卦那些象的最原始的那一画，就叫太极，太极就是有的开始。

"象帝之先"，是说道在这些象的前面就有了，所以叫作先天。道是先天就存在的，象是我们后天才看到的，如果这样来解释先后天，一点也不玄。每个象的背后，都有它的道在里面，只是我们迷惑在这个象里面，跳脱不了这个象，破不了象执，自然进不了道体。"象帝之先"，就是说道是先于象而存在的，那就叫无。"道冲"，是有，但是有是从无生出来的。所以第四章就告诉我们，道虚才有作用，如果道一满，就没有作用了。

儒家提倡"仁义礼智信"，特别是要仁，但是《道德经》第五章中却说："天地不仁，以万物为刍狗；圣人不仁，以百姓为刍狗。"老子为什么说天地不仁，圣人不仁？刍狗又是什么意思呢？

《道德经》第五章，老子说：天地不仁，以万物为刍狗；圣人不仁，以百姓为刍狗。"刍狗"，就是用草结扎而成的祭品。我们要祭拜天地，祭拜过世的圣人，祭拜自己的祖先，一定要准备些祭品，表示我们的诚意。这不是搞形式，而是表示诚意，所以不必计较祭品很贵重，就拿草来编织成祭品去祭拜就可以了，最主要的是那个意，而不在那个物。

这个"刍狗"非常有意思，在没有祭拜以前非常重要，不能乱动，不能搞脏，可是祭拜完了以后，根本不把它当一回事，随便就丢掉了，这是什么意思？四个字，叫作"自生自灭"。天地让万物自生自灭，各位看看，哪个不是这样呢？

"圣人不仁，以百姓为刍狗"，圣人是体会天地之心的，所以圣人大仁就好像不仁，这跟天地是一样的。让老百姓自己过自己的生活，圣人好像不存在。事实上圣人做了很多事情，但他不居功，像没有做一样。老百姓也没有感觉到，好像圣人都不管他们，实际上这是老百姓不对，不是圣人不对。如果圣人做了很多事情，让老百姓感觉到了，那就要自我反省。你给人家压力，给人家强制，还要人家感谢，这在老子看来都是不自然的。

天地之间，其犹橐籥乎。"橐籥"就是风箱。道冲的作用，就好像风箱一样。风箱好像没有做事，可是它的功能很大，从这边把风推进去，从那边排出气来，就可以把火引起来。风箱所排出来的气，可以使得火焰生化，有了生化出来的火焰，就可以冶铁，做成不同的器物。人类的进化，就是从怎么样用火，怎么样制造器物开始，一步一步开展出来的。火产生了很多功用，但是风箱好像没有做事一样，它没有功劳，用完把它丢掉就行。

虚而不屈，动而愈出。风箱里面如果装满东西，就不是风箱了。风箱就是一个空虚的东西，才有作用，空气进得去出得来，所以叫作不屈。"不屈"就是不穷竭的意思，不管怎么用，它始终可以发生作用。"动而愈出"，不发动则已，一发动就越生越多，就是发动的那个动作，叫作道冲，然后作用就不停地发生。老子希望我们，从这些现象来感悟到做一个人应该怎么办。

多言数穷，不如守中。"多言"不是多话，而是把话讲绝了。一个人讲话很肯定、很绝对，最后就没有信用了。"没问题，明天一定完成"，最后却完成不了，这就叫多言。"多言数穷"，把话讲绝、讲满了，就是断了自己的退路，那还"不如守中"。

很多人说这个"中"，就是儒家的中道。这样的话，老子讲的话岂不是跟儒家一样了？其实，这个"中"就是那个"冲"，意思是让我们保持那个"冲"的功能。冲的功能很简单，四个字讲完了：少思寡欲。只有少思寡欲，那个冲才会无穷无尽。一个人，没有太多的欲望，就能慢慢发现道、接近道，就知道该怎样做到前面所讲的"虚其心，实其腹，弱其志，强其骨"。人保持道冲的功能，才叫真正的长进。现在不是了，我们所做的事情，都是用名、利、欲、知来把自己压垮，甚至还抱怨怎么世道越来越差，人类越来越辛苦，好像老天越来越没有眼，其实不过是自找的麻烦。老子已经讲得那么清楚了，我们还不知道反省，还在犯这些毛病。

　　讲到这里，老子话题一转，提醒我们，万物都有一个原始，万物的原始，就是伟大的母性。我们下一集继续分析。

曾仕强详解道德经：道经·第三集

《道德经》第八章中说："上善若水，水善利万物而不争。"但是当今社会竞争激烈，小到个人，大到国家；争机会、争利益，明争暗夺无处不在。这种"争"确实给我们的生活带来很多烦恼。那么，在现代社会中是否可以做到不争？"上善若水"和"不争"中蕴含着哪些古老的智慧？而"以其无私，故能成其私"又是什么意思呢？

　　《道德经》第六章开篇，老子用"谷神不死"来告诉我们，万物的源始都是同样的道。什么叫作谷？老子出生在河南鹿邑，当地是一片平原。放大来看，整个河南是多山的，四面绕山，当中一片广大的平原，这个谷是够大的。

　　然后，老子在函谷关写《道德经》，为什么别的名字不叫，而叫函谷关？就是因为这里有一个很深、很险要的谷。人们常常会用自己熟悉的地形、地物，来做形容，我想老子也是这样的意思。他说道像一个宽广的谷，可以包容很多东西，又像一个山当中的深谷，可以隐藏很多事物。它们有一种功能，叫作神奇、神妙、神灵。这个神跟我们一般所讲的鬼神，是不相关的。纯粹就是说，怎么在那么多山当中，会出现这么一个广大的山谷，实在是很神奇很神妙，如此而已。而且这种谷，它的神妙不是一阵子，而是会维持很长很长的时间。因此不死并不是我们所想象的"不会死亡"，而是虚谷的神妙，虚谷的妙用是深深不移的。所以，老子给它一个名字叫作"玄牝"。

　　老子说：**谷神不死，是谓玄牝**。"牝"就是母性。"牝"，前面加上个"玄"字是什么意思呢？表示赞叹：哪有这么能生的。一般的母性，生一个就很累了，生两个就有点犹豫要不要再生，生三个就觉得差不多，不要再生了，了不起生七个八个。但是谷神是生生不已的，所以加上一个玄字。绵绵不绝，不同于一般的母体，因此特别给它一个名词叫作玄牝。

　　玄牝之门，是谓天地根。"玄牝之门"，就是我们在第一章

曾仕强详解道德经：道经

时候就讲过的"众妙之门"。它是万物生化的一个门，不是一般的生门，所以也叫作天地根，即天地万物生化发展的根本源头。中华民族是一个不忘根、饮水思源的民族，就是老子所讲的，这是我们的根。

绵绵若存，用之不勤。它是绵延不绝、永远存在的，所以叫作不死。但是，"用之不勤"，"勤"是穷尽的意思，它的作用是无穷无尽的，所以才能够长长远远来孕育万物，做到生生不息。这个就叫作神。

读了这一章以后，我们一定要有这样一个想法：原来女性是比男性还要高的。老子讲的都是玄牝，没有讲玄母。如果能从这里意会到一些东西，就可以知道，老子对慈、对柔、对弱特别喜欢是有道理的。因为只有用之不勤，只有绵绵若存，只有发挥玄牝的这种天地根的功能，才有办法做到天长地久。接下来第七章，老子就开始讲天长地久之道。

《道德经》第七章中说："天长地久。天地所以能长且久者，以其不自生，故能长生。"我们知道，世间万物只有通过绵延不绝的繁衍生息，才能做到天长地久。天地为什么通过"不自生"就能得以长生呢？"不自生"到底是什么意思？这三个字当中，究竟蕴含着哪些深意？它对身处现代社会当中的我们，又有哪些启发呢？

《道德经》第七章讲：**天长地久。天地所以能长且久者，以其不自生，故能长生**。人不可能长久，因为人的生命是有限的。能活过一百岁，那就很高兴了，虽说有点老态龙钟；想活两百岁，那是非常困难的事情。可是天地却能长长久久，因为它从来不自生。"不自生"这三个字是非常重要的。天地跟万物无所争，不追求自己的存在，没有自己的生命，就能长长久久。所以人不必老记挂着自己能活多久，自然生、自然死，不把它当一回事，反而活得比较久一点。

人生最有趣的就是我们都知道有一天会死，却不知道什么时候会死，这才叫作神。天地没有时间空间的概念，反而时间空间都用不完。人就是有时间空间的概念，才会经常说我现在跟时间赛跑，我在争取无限的空间。你怎么跑得过时间呢？你不过只有立锥之地而已。老子讲这些是在提醒我们，不要老把自己放在最前面。一个老想自己的人，经常是没有自己的。你想活得久，做不到。你不想活了，也做不到。

天地的时间空间用不完，而人的时间不够用，空间被占领掉，甚至连立锥之地都没有。人很想长生，但就是不能长生，天地根本没有长生的念头，却绵绵不绝。江山依旧在，人事已全非。圣人看到这些状况，就悟到一点：**是以圣人后其身而身先，外其身而身存。**这是什么道理呢？

当今社会竞争激烈，分秒必争，稍有懈怠就会被别人赶超或淘汰，所以人们都希望自己永远处在领先位置。但是，老子为什么反而要主动将自己置于他人之后呢？

现在人都是争先恐后，我们最讨厌的就是前面那个家伙总是排在自己前面。有时候向后望发现还有人，也比较高兴，庆幸后

> 人不必老记挂着自己能活多久，自然生、自然死，不把它当一回事，反而活得比较久一点。
>
> ——《道德经》的智慧

曾仕强详解道德经：道经

面还有人，自己还不算是最后。大家想想看，人是不是这样的。这就不叫圣人了。圣人就是说你们要先，我就让你们先，我不在乎。因为时间他不在乎，空间他也不在乎。他向天地学习，把自己的利益，把自己的位置放在别人的后面。其实一句话就讲完了，一个舍得让的人，一个能够谦让的人，才是有福气的人。我不在乎，你比我先就比我先，我永远不是最后的，就算我是最后，我也不会怎么样。这种人心胸宽广，也有福气。当然，一个人到底要不要争，我们也不知道。反正老子看得很清楚，他说不争的人是最有福气的，争的人不争便不能活，我们不知道他的福气在哪里。

谦让不争，人家反而觉得你这个人了不起，干脆让你坐前面。但是，你不能说自己的谦让，是为了一定要身先，那是不对的。如果人家不让你呢，你怎么办？如果谦让是为了受到推崇，为了要抢先，那完全是假的，是虚伪不真心的。"圣人后其身而身先"，圣人是真心的，因为他根本不需要计较先后。现在很多人开车出车祸，就是因为抢那五分钟造成的。其实，从甲地到乙地，快慢不过相差五分钟而已，就为了那五分钟，你耗尽了心力，甚至搭上了自己的性命，划得来吗？"外其身而身存"，不把自己当一回事，自身的生命已度外，就是我的生命无所谓，你们的比较宝贵，反而能够跟万物长存。越不想长存的人，存得越久；越想长存的人，很快就被大家遗忘掉了。这是事实。

比如老子，他完全没把自己当一回事，我们叫他什么名字，他都不在乎，他就是个老先生而已。然后他要出函谷关了，本来是不想干什么的，可是官吏诚心要他写，那他就写了，写了之后就走了，去哪里也不告诉别人。可是到今天甚至以后，不但老子

一个能够谦让的人，才是有福气的人。

——《道德经》的智慧

的《道德经》会流传下去，连老子这个人，他的玄妙，他的神奇也会流传下去。

　　俗话说：吃亏是福。有人却说"人不为己，天诛地灭"，人就是要为自己活着。而曾仕强教授认为，我们对这句话的理解，是完全错误的，那么，"人不为己"的真正含义是什么？《道德经》第七章中所说的"以其无私，故能成其私"，又是什么意思呢？

　　《道德经》第七章最后一句是：**非以其无私邪？故能成其私**。这句话被误解得非常厉害，说老子是因为没有私心，最后完成了他的自私。而且我们还流传着一句话，叫作"人不为己，天诛地灭"。其实长久以来，大家都被这句话字面上的意思所迷惑了。"以其无私，故能成其私"，可见老子都是假的，假装自己无私，最后达到自私的愿望。真是这样的话，我们还读他的书干什么？其实，"人不为己"的"为"要念成二声wéi，是做的意思。人不把自己的自性做出来的话，就会天诛地灭。这个性是性格的性。狗有狗性，猫有猫性，牛有牛性，人也有人性。猫把猫的性做出来，狗把狗的性做出来，人把人的性做出来，老天才会喜欢，否则的话，天诛地灭。

　　"故能成其私"，"私"是私下的心愿，而不是自私的心理。老子是不可能赞成人自私的，因为他的主张是无我、无私、无欲、无知。通过某种方法，就可以自私，这是绝不可能的。"故能成其私"，意思是能够成就自己私下的一些愿望。

　　《道德经》第八章中说："上善若水。"这句世代被人们津津

曾仕强详解道德经：道经

乐道的古语，到底是什么意思？它又蕴含着哪些古老的智慧呢？

《道德经》第八章开篇就说：**上善若水**。告诉我们人应该修道，但是修道要有一个榜样。这个榜样就是水，我们应该向水学习。为什么老子用水，而不用空气、阳光，或者其他的？因为他觉得水跟人很亲近。有些人不太会去看太阳，因为怕晒，看到太阳就撑伞，太阳大了就不出门。有些人不知道空气那么重要，因为没有感觉。所以你说空气污染，他没感觉，你说空气很好，他也没感觉。可是水就不一样了，我们每天都要碰到。老子很喜欢用水来象征良好的德行，可是传到后来，水成了财富的象征。流传的话语到最后会失真，这叫作市场导向、市场炒作。所以我们要好好去想一想，到底水用来代表财富比较重要，还是用来代表德行比较重要。

其实，我们也不必在这方面争论。因为一般人跟他讲德行很重要，他听不进去，而跟他讲财富很重要，他就听得进去。然后再引导一下，最后告诉他不要为富不仁，有了钱以后，还要注意德行，这也是一条办法。我们也不反对。只是我们要了解，老子为什么说"上善若水"？原因很简单，就是下面这句话：**水善利万物而不争，处众人之所恶，故几于道**。

"水善利万物而不争"，"善"就是善于的意思；"善利"，就是利而不害。

"处众人之所恶"，人之所恶就是低下，水就喜欢低下。老子也提醒我们，低下没有什么不好，因为高低本来就是相对的。如果人一定要高高在上，那基层的事情谁来做呢？"人之所恶"就是人都很讨厌别的人低下，可是水却往低处流。往低处流，不叫下流，它是冲走一些污泥，这不是好事情吗？

"故几于道"，"几"是几乎的意思。"故几于道"，就是几几乎乎接近于道，但不能解释说水就等于道。水是道很好的象征，这样说才比较妥当。水，很善于无私地帮助万物，无私地利于万物而不求回报，它没有说你用它，就要收你多少钱。至于水费，那是人在收，不是水在收。水把船渡过去，若收费也是人在收，不是水在收。人利用水来收钱，那是人的事。人要争水道，要把水圈起来，不让下游用，这些都是人的事。水本身是不争的，它只有一个方向，即低的地方，它就流过去，仅此而已。

老子不仅用水来象征良好的德行，还把水看作是"道"的象征。老子为了让我们更加了解水的深意，还在《道德经》里列举了水的七个好处。那么，水究竟具备哪七个优点呢？

这七个优点就是：**居善地，心善渊，与善仁，言善信，正善治，事善能，动善时**。都是我们明明白白可以看到的。

"居善地"，它很会用地。如果地里的泥土水分不足，只要它处得低，水就供应它，让地滋润，以便生长东西。很多人把"居善地"解释成很会选择好地方，因而就变成了人很喜欢看风水，这是块风水宝地，我把祖先埋在里面，一定会发达的。其实，水没有选择地，只要这个地方低洼，不管是否被污染，是否很脏很臭，水照样去。所以它才会"处众人之所恶"。一切都按照它的本性，这就是水，不会因为别人的喜恶而改变。所以"居善地"，是说只要水到的地方，就算是再坏的地，很快也会改善变好的。这是很正确的观念，叫作福地福人居。我们老说这片地方风水好，其实应该说人好风水才会好。

"心善渊"，水是没有心的。可是只要水积得深了，积得多了，自然会孕育出无限的生机。就算水很浅，很少，都还有些小生物在里面。如果积得多了，积得深了，积得广了，里面是可以生出很多很多东西的。这就告诉我们，人的心胸要广阔一点儿，不要太计较了。越计较，越无路可走。宽广一点儿，自然海阔天空。

良心是从自然中产生的。所以，"心善渊"真正的意义是说，要凭良心去做事，不要张扬，不要想着非得让别人知道。水养活了很多很多的生物，它从来没有讲过说"你们是靠我，否则就活不了"之类的话。

"与善仁"，"与"，是施与的意思。水给人的，是一视同仁，没有分别的。你是好人，我才给你用；你是坏人，我不给你用；你们这家坏，我就不进来，或者进来的都是脏水，水从来不会这样。只要你要得到的，它都同等看待。但是浪费水的，会自作自受，道理就这么简单。

"言善信"，水没有说话，却很有诚信。"言"这个字，在老子《道德经》里面，多半都是负面的意思。意思是说，做就好了，说那么多干什么呢？中国人也常常讲这样的话，你有本事就做，有真心就表现在行为上，不要老挂在嘴巴上，否则一天到晚讲一大堆都没有用。心中很纯净，心里面没有成见，自然就诚信。水不会说我给你保证，或者压个手印，表示我一定做到，这都没有必要。水不停流动，几乎不分昼夜，从来没有什么抱怨。

"正善治"，"正"，就是我们常讲的水平。水真的平吗？大家去水边看一看，水是从来不平的。因为它是不停地在动，水越多动得越厉害，越少反而动得比较小。那为什么叫正呢？这是我们最需要了解的。一个人老追求公平，这是不合适的。天下有什么公平呢？我们要求公正。水是很公正的，因为它要保持它的活水，保持它的生化的机能，所以它不能不动。不动就变成死水，死水就养不出东西来。因此水始终很正，可以产生很多很多的生机。

"事善能"，水没有说自己在做事，但是它能做的事非常之多。它可以清洗污垢，可以滋养万物，可以灌溉农田，可以水力发电，但是不管怎样，它都是彻底的奉献。所以如果有可能的话，我们要学习水的无私奉献。在道家里面，凡是能够无私奉献的人，就叫真人。意思是其他人都是假情假意的，都是嘴边讲得好听，都有所求，只有你真正在无私奉献。

"动善时"，中国人说一动，就要符合天时才对。我们常常讲，天时、地利、人和。天时永远摆在最前面，时机不对不要动，动了也白动。可是水很奇妙，它从来没有选择时间，不管怎么动都是符合这个时机的。比如春天的水跟夏天的水就是不一样的，到了冬天还结冰。之所以要结冰，就是等到来年夏天缺水的时候，水溶解掉，又供应给万物。所以，不管水怎么变化，怎么运动，永远是符合天时的，我们要向它学习。

老子把水的这七个功能说完以后，就总结了一句话，他说这些其实加起来就是两个字而已，叫作不争。**夫唯不争，故无尤。**尤，是怨尤的意思。我们常常讲天怒人怨，但是水都没有。天也不怒，人也不怨，为什么？因为它不争。

大家要记住，仁也好，信也好，治也好，能也好，时也好，看起来都是好的，但一争就没有价值。我们要向水去学习，退一步海阔天空。接下来，我们就要讲退一步海阔天空。

曾仕强详解道德经：道经·第四集

道家讲究修身。《道德经》第十章就讲到了修身的方法：营魄抱一，能无离乎，专气致柔，能如婴儿乎？老子为什么说修身应该如同婴儿？"长而不宰，是谓玄德"，老子认为，修身的最高境界是"玄德"。历史上，刘备也称刘玄德，这个玄德是取自《道德经》吗？儒家也讲修身，修身的目的是齐家、治国、平天下。那么，道家修身的目的是什么呢？

　　《道德经》第九章，老子开篇就说：**持而盈之，不如其已**。"已"，是停止的意思。要保持盈满，不如少装一点，让它不盈满。这样才能留下一些空间，等到有的时候还可以再装。当容器装满的时候，如果还有更好的东西，就再也装不进去了。如果没有更好的东西，里面装满了也是要溢出去的。因为天道忌满，自然的现象都是这样。下雨天我们弄个水桶去盛雨，盛满了之后的水会溢出来。任何一个蓄水池，如果装满了水以后，一定是向外流的。与其这样子，还不如少装一点，让它保持可以再装的功能，这不是更好吗？这句话就在告诉我们，凡事退一步海阔天空，进一步两边都非常紧张，最后还可能逼死自己。

　　但是，我们还应该看到另一层面，半桶水是响叮当的。所以，一方面我们说不要装满，一方面我们要了解，在没有满的时候，不要在那里晃来晃去。这是什么意思呢？就是说没有满的时候，要表示自己是谦虚的，而不是表示不足。不满有两种：一种是我不足，我还要让它满，那就不叫持而盈之；另一种是认为到了七八分就差不多了，留下一些空间才有弹性，但是心里头是满足的。为什么呢？因为一旦不满足，就会很着急去争那个不足的地方，而且觉得只有一半，还要让大家知道只有一半，就不免会响叮当。这样，人家就会觉得你是个伪善的人，而不是一个真诚的人。

　　揣而锐之，不可长保。"揣"，是捶击的意思。如果把一个东西拿来，用锤头去捶，就会把它变得很尖锐，这就是我们平常

曾仕强详解道德经：道经

所讲的锋芒毕露。结果就是不可能长期保持。再锐利的刀，用过一段时间之后，都会变钝。一个人，尤其是年轻人，最忌讳的就是刚出来的时候，经常锋芒毕露。这个我学过，那个我们老师最厉害，另一个我上网都查过了……这都叫作锋芒毕露。我们都知道，人有一个习惯，凡是看到尖锐的地方，一定要把它锉锉，锉到它不尖锐为止。其实，我们是为了安全，而不是为了破坏。但是，那个尖锐的地方就很麻烦了，因为常常被人家锉锉、修理。一个锋芒毕露的年轻人，随时有人要修理他。这就告诉我们，一个人不可能长期保持这种状况。"满招损"，一满就一定会损，一锋利人家一定要把它搞迟钝。

金玉满堂，莫之能守。这句话我们一定要仔细，错误不在金玉，问题不在金玉。你家里有很多金玉有什么关系，老天难道就不喜欢吗？不会的。我们一再说明，老子不反对我们富贵，孔子也不反对我们富贵，老天更不在乎我们有多少钱，所以金玉满堂没有什么不对的。既然这样，为什么下面加上一个"莫之能守"呢？就是因为你已经金玉满堂了，还要去守它，那就守不住。金玉不是罪恶，富贵不是罪恶，罪恶在于你要守住它，把它变得没有用途了。只要你这样做，人家就会来偷，偷不到还会抢，再加上天灾人祸，总有一项可能把你整个毁掉。

下面接着讲得更清楚：**富贵而骄，自遗其咎**。富贵没有坏处，我们一再说老天不在乎你有多少钱，因为就算你有很多钱，对老天来说也不过是一点点。问题在那个"骄"字，人一骄就完蛋了。我们现在因为受西方的影响，听到西方人经常讲"We are proud of you"，然后我们动不动就讲"proud"。实际上，这是一句很不吉利的话。这是我们中国的骄傲，我很不喜欢听这种话。这是我们家的骄傲，我们学校有这么一个学生我们感觉很骄傲，我们有这样的小孩我们很骄傲，这种话最好不要讲。因为骄者必败，傲不可长。中国人什么都可以，就是不能骄傲。我们中国人可以很神气，因为我们有这么好的文化，有这么好的古圣先贤，但是个人不能骄傲。

我奉劝大家从现在开始，绝对不要讲骄傲这两个字。因为富贵而骄，就会自取祸患，就会自找麻烦，就会自取其咎，就会自讨苦吃。《易经》里面谦卦从头到尾都好，就是告诉我们，人千万不能骄傲。一个人谦，才拥有福气，一旦骄傲，就麻烦了。

《道德经》第九章中说：功遂身退，天之道也哉。这是不是说只有功成身退，才是最明智的选择？但是现代人常说：能力越大，责任越大。当能力足够大的时候，真的应该放弃一切，选择急流勇退吗？这个"退"究竟包含着哪些意思？怎么"退"才符合天之道呢？

第九章最后一句话说：**功遂身退，天之道也哉**。看到这个"功遂身退"，我们要好好去想一想，老子一定喜欢功，而不会讨厌功。他喜欢人把事情做好，而不喜欢人偷懒，也不喜欢人不做事。他只是说我们不要居功，不要仗恃自己的才能，自高自傲，而是应该好好把事情做完以后，身退。身退不是逃避，也不是什么都不要，否则就是标榜自己，这种人其实多半都是假的。"我什么都不要"，这种人你最好少相信他。

老子的意思是说，第一，我们不要自我膨胀。那件事情是我做的你知道吗？当年要不是我，这件事情能有现在的好结果吗？这些观念和想法都是不对的。第二，我们不要尸位素餐。因为以前有功劳，现在就赖在那里，怎么都不愿意退下来，这也是不对的。身退不是退隐，不是当隐士，老子跟孔子都不喜欢隐士。隐士就等于不存在，一个人有很好的能力，又有很好的经验，还不出来为社会做事情，那就等于没有，就等于零。但是出来做事情，就要功劳，要升迁，要大家感谢，那更加糟糕。从这里我们可以看出，老子的思想是很积极的，一点不消极。人活着就要好好工作，但是要记住，做完以后，不要贪恋功劳，不要厮守那个职位，不要告诉大家这都是你做的，也不要咄咄逼人，到处告诉年轻人自己当年的贡献，这些态度和行为都是没有修养的表现。

我们要向老天学习，老天做了很多很多事，但是它始终不居功。所以身退的意思，就是说我不居功，我不占那个位置，不一天到晚讲自己。我们中国人常讲，好汉不提当年勇。一提当年勇，人家就会觉得你在吹牛，其实那已经不算什么了，你还记那些干什么？好汉不提当年勇，就是虽然当年勇过，甚至还有过成就，但是现在事情已经过去了，就要绝口不提。人家说这个社区是你规划的，你说没有；人家说你年轻的时候曾经做过很多的事情，你说没有。这就是老子的作风，对中国的影响的确很大。所以，老子在本篇末尾特别加上"也哉"二字，就是为了提高我们的警觉性。

中国人真的很幸运，有这样的一个引导，使得我们能够全身而退。那么，历史上全身而退的人都有谁呢？张良肯定算一个。为什么韩信退不了，张良就退得了？要去想一想。还有范蠡。范蠡如果不退，他就非死不可。

大家想想，范蠡那么大的功劳，为什么还要急急忙忙地退隐呢？原因很简单，就是范蠡当年跟勾践讲，要对付夫差这种人，只有一种办法，你去吃他的大便，他就会很感动，就会相信你，就不会提防你，你才有希望复国。勾践心想，只要能复国，我个人做点牺牲有什么关系？于是，他就真的去尝夫差的大便，并对夫差说，通过尝大便，就可以知道你身体的状况怎么样。夫差真的很感动，就骂手下人："你们都说他坏，他怎么坏了？他是好人。"然后，勾践就复国了。范蠡真的很聪明，他一定读通了《道德经》。他知道复国后的勾践，跟当年的勾践心态是不一样的。范蠡知道勾践会想：天底下有谁，敢叫我去吃人家的大便？也就是这个家伙。他第一次想起时会原谅，说人家是好意。第二次想起时，觉得这个家伙真过分。第三次想起时，就是杀了他！范蠡看明白了这件事情，干脆跑了。

所以我们常常讲，老替人家出馊主意，也许当时是有功劳的，但是从长期来看，最终是要吃亏的。所以读了这一章以后，我们要记住，替人家出主意，不要出太多的奇招怪招，否则总有一天自己要身受其害，这是自取其咎。一切事情适可而止比较妥当。

讲到这里，老子把话题一转，开始教我们修身的功夫。其实，儒家要我们修身，道家同样要我们修身。人一生都是为了修己，所以对于修己这个问题，不管哪一家都很重视。这一辈子修修修，有一点进步，下辈子接着修，修好几辈子，才可以修成真人，最后才可以修成神人，没有说一辈子就能修成的。放下屠刀、立地成佛，不过是鼓励的话，不会是真的。

我们接着就要来看第十章，探讨一下什么是道家修身的功夫。

《道德经》第十章中讲：载营魄抱一，能无离乎，专气致柔，能如婴儿乎……修身跟婴儿之间会有什么联系？我们从毫无阅历的婴儿身上，能汲取哪些修身之道？而营和魄，又指的是什么呢？

曾仕强详解道德经：道经

老子说：**载营魄抱一，能无离乎**。"营"，是灵魂；"魄"，是身体。我们的灵魂，进入母亲的子宫里面后，透过父精母血，创造出我们那个小小的身体。所以，人在妈妈肚子里面，就是"营魄抱一"。这个"抱"，是紧紧抱在一起，不分离的意思。而这个"一"是很难做到的。很多人抱小孩，总是胡乱抱，就不能合一，这属于不会抱小孩。会抱小孩的，大人跟小孩是一体，好像就是一个，没有分开。

讲到这里，我们有一个问题要大家去思考：人为什么要有肉体呢？其实，身体是替我们找麻烦。如果人没有身体，就不会有太多欲望，不会生病，不会打人，不会做坏事。那么，既然这样，我们为什么要有身体呢？因为身体是来帮助灵魂做事的。所以，灵魂是我们自己的主人，而身体是我们的工具。在小的时候，人的肉体跟灵魂是一体不分离的，即身体百分之百服从灵魂召唤，灵魂叫他做什么，他就做什么。这叫作纯真，叫作自性。但是，当人慢慢长大以后，就越来越不听灵魂的话。

当然，大家可能会问什么叫灵魂，如果用比较具体的话来形容，灵魂就是我们自己的良心。比如，我们看到地上有一百块钱，就会想去把它捡起来。但是，我们身体里面有个声音告诉我们：那不是你的，不要去捡，那个丢钱人会很着急的。那个声音从哪里来？就是我们体内有一个良心广播电台。这个良心广播电台全年无休，二十四小时都在播放，偏偏我们就是不听。我们用耳朵去听外面的，用眼睛去看外面的，用手去抓外面的，而身体里面那个广播的声音，我们却完全不在乎。大家可以问问自己，是不是这样的？

人在妈妈肚子里的时候不会做坏事，因为那是特定的空间，而且我们的身体还没有施展的功能。刚生下来叫婴儿，婴儿是很纯真的，也不会做坏事。可是当他变成孩童的时候就不一样了。变成孩童以后，别人就会觉得，这小孩怎么变了，怎么这么不听话，怎么这么捣蛋！所以，老子在书里面，把婴儿跟孩童是分得很清楚的。一个人最好是保持婴儿的状态，避免走上孩童那种调皮捣蛋的状态。但是，我们如果没有从心里头发出来认知，没有从心里头发出来向往，是很难做到的。

所以，在这一章，老子第一句话就问我们：你的灵魂跟你的躯体能不能融为一体，彼此不分开？换句话说，就是你的身体会不会听从良心的话？如果不听良心的话，人就会走上偏道。大家有没有发现，人是有偏道的倾向的。也正是因为如此，我们才要修正自己，才要把走上偏道的自己拉回正道。

有两句话大家很熟悉，自古代传到现在：文章是自己的好，太太是别人的好。真是岂有此理，可是就这样一直在传。人都有主见，都有偏见，都有成见，都有不正当的念头，这是要我们修的。如果每个人生下来都很完美，那就不用修了。所以人不要求全，因为不可能全。如果一个人十全十美，这辈子就没有事干了。

专气致柔，能如婴儿乎。这里的"婴儿"象征柔软。人们看到婴儿，谁都想抱他。为什么？因为他的皮肤很柔软，他的弹性很大，别人怎么抱他都不会感觉到不舒服。人是越长大弹性越小。请大家听清楚，等到我们感觉到弹性越来越小的时候，下面那句话就不好听了，叫作行将就木，即僵化了，跟木头一样，快要进棺材了。所以每个人都要记住：当我们越来越僵化，越来越固执，越来越没有弹性，越来越不能应变，越来越不能适应外界变化的时候，我们的生命大概就要走到尽头了。

为什么老子对婴儿特别赞美？就是因为婴儿形体上柔软，

曾仕强详解道德经：道经

精神上柔和。身体柔软和精神柔和，把这两个合在一起，人自然就会有不争的良好品德。比如，婴儿跟谁争呢？孩童会争，婴儿不会争。因为婴儿还没有什么知识，他有赤子之心，很天真很可爱，会心平气和。孩童就不一样了，他心不平，气也不和。心平气和，就表示那个气很专注。而"致柔"，就是老子常讲的无知无欲。婴儿无知无欲，孩童就有知有欲了。由此可见，越长大越麻烦。主见越深，个性越强，意见越多，与人格格不入，那就不是"能如婴儿乎"。

我们在修身的道路上，除了要学习婴儿的柔和、不争，身心合一之外，道家还教给我们哪些修身的功夫呢？

涤除玄览，能无疵乎。"览"，是观的意思。其实我们已经讲过，在老子的观念里面，"观"是很重要的概念。观不是看，看是用眼睛去看，看得很有限，看得不深入，而且经常看错。观不会这样，观是观得很深入，而且观得很广泛，观得相当正确。我们把它叫什么呢？知见很深，胸有成竹，一览无遗。所以很玄，同样的东西，你看出来就跟别人不一样，玄而又玄，就是从这里来的。

"涤"，是洗涤，就是让我们把那些脏的洗掉；"除"，是清除，就是让我们把灰尘清除一下。然后就会发现，把身心都洗干净以后，就会用心来体验，进而会得到更深一层的、更广泛的一些看法。可是你要问问自己：能无疵乎？你能没有毛病吗？你能不主观吗？你能没有偏见吗？你能够深入精微地洞察周围的状况吗？如果你说我会，那就要小心了，你很可能是在故弄玄虚，装神弄鬼。

爱民治国，能无为乎。这句话更重要。我们每一个有能力、有品德的人，要奉献给社会，才有价值。所以，你必须要爱护老百姓，有机会就必须出来替国家做事情。如果每个人都有这个心，那当然是好的，但是结果还是不一样。我相信大家都看到了很多这方面的例子。比如凡是想当公务人员的人，一开始都是有抱负的：我要替人民服务，我要替国家做事等等，几乎无一例外。尤其是考试的时候，写得更是头头是道。可是一旦当官、当领导以后，他的表现就跟原来的初衷有了很大的差别。什么道理呢？就两个字：无为。无为是说，每个人同样做事，但是有的人是按照自己的意愿去做，有的人是按照自然的规律去做，差别就在这里。

要怎么样才对呢？就是要按照自然的规律去做。什么叫自然的规律？其实大家都很熟悉，就是让老百姓不知不觉地去做。日出而作，日落而息，顺应自然而生活。这就是古代人常讲的一句话：帝力于我何有哉！皇帝很大很大，但是跟我老百姓一点关系都没有，这才是真正的大有为。

但是，大家不要认为这是无政府主义。无政府主义，就是要么老百姓太嚣张，要么政府太无能，那都不对。老子说，你要做到让老百姓感觉到你所做的都是他心里头想要的，就好像你没有做一样。关于这一点，老子在另外的专章里面，有更深入的讲述，我们到时候再说。

无为不是什么都不做，而是我们的所作所为，没有一样是违反天理的，没有一样是违反自然规律的，这样你就成功了。如果是按照你自己的意识和主张，你想要怎么样，别人不听不行，那就是霸道，老百姓就不喜欢。现在国际上很多类似状况，大家可以看得很清楚，只要是哪个国家强制别人怎么样，都会引起很大的反感，这是同样的道理。

天门开阖，能为雌乎。天门，就是众妙之门，就是玄牝之门。我们前面讲过了，它有两个作用：一个是五官之门，我们的五个感官，都是跟外物去接触的。另一个是内观，就是玄览，让你往里面看：看你的良心在告诉你什么。

所以，当我们碰见外界的事情时，要及时回省，也就是回头去看看自己的良心给我们什么样的指示，然后就能知道自己该怎么做。感官和外界接触，要看开关灵不灵。开关灵不灵看什么？就是下面这四个字：能为雌乎？老子没有告诉我们"能为雄乎"，而是说"能为雌乎"。"雌"是什么意思呢？就是守静、守柔、守弱。因为老子看到了世界上所有事情的变化，并悟出一个道理，叫作柔弱胜刚强。所以，他几次都讲到弱者道之用，这点我们以后会专门来探讨。

至于这个雌，并不一定是雌性，不一定是母性。男的也可以做到，能守静、守柔、守弱，当天门打开的时候，就不会迷惑。因为良心在里面呼唤你，但不强制你，可是外面的力道经常会强制你。为什么我们总是说要凭良心，而真正做事的时候却常常不凭良心，就是因为外界的诱惑太大，威胁太大，我们抵挡不住。

因此，读了这一章以后，我们就要知道，你的天门开关灵不灵，你的判断正确不正确，完全看你能不能静得下来，能不能把自己当作弱的一方，柔的一方。因为只要你站在强的一方，做事就很容易欠考虑：怕什么？做。尤其一个人经常动动动，动到不能静的时候，根本就没有思虑的能力了。现代人最可怕的就是常常动，动到能动不能静。这是非常可怕的事情。

明白四达，能无知乎。我们把所有事情都看清楚了，四方八面的资讯都掌握了，但是能不能不用心机呢？我看准了，我抓到机会了，我有别人所没有的资讯，此时不做更待何时，这样行为的结果都是很可怕的。你都知道，但是你可以不用。比如说，什么叫内线交易？就是你知道那个机密，别人不知道，你买这股票一定赚，那你要不要做呢？有一天东窗事发的时候，你会不会被抓去坐牢而不后悔？这个时候就要自己把握了，你认为那是不应该赚的钱，就要控制住自己。虽然知道里面的内幕，可是告诉自己不用这样的心机，才比较好。

接下来就是一个结论：**生之畜之，生而不有，为而不恃，长而不宰，是谓玄德**。

说到玄德，大家会想到，三国时期的刘备又称刘玄德，这个玄德，是取自《道德经》中的"玄德"吗？"是谓玄德"是什么意思，刘备又为什么被称为刘玄德呢？

读了这章我们才知道，当年刘备之所以叫作刘玄德，就是因为他自己有德，但是不希望回报，才取这样的名字。别人怎么样我都不计较，有没有希望我不在乎，我该做我就去做，这样才叫作玄德。

一个人认为自己有道德，认为自己符合道德品行，这就已经不德了。只要一认为自己品德很高尚，其实就已经很低贱了；认为自己对别人是很好的，这个动机就不纯正了。玄德，自己有德，不认为自己有德，不希望别人回报。别人怎么认为，他都会自作自受，我们用不着去计较。千万不要自己认为自己有德，还自我标榜，到处去讲，可是现代人这种毛病是很普遍的。

曾仕强详解道德经：道经

"生之畜之"，是什么意思？这四个字包含很多内容。比如，我们去问那个种花的人："请问你在种花吗？"他说是呀，在种花。这个人就是不懂道家的。请问你在种花吗？他说没有，是花自己在长。这个人就是有修养的人。而现在的人十有八九都是回答："我当然在种花，不然在干什么，我种花种几十年了，我是这方面的专家，你不知道吗？"这个人就完蛋了。

那么，种花人在干什么呢？他会去把花拉把着让它长吗？不可能，那叫揠苗助长，一定把花害死。既然什么都没有做，怎么能说自己是种花人？花自己要长就长，自己要生就生，要开花就开花，不开花，你也拿它没办法。可是，种花人确实是做了事的。我们从这四个字——生之畜之，去体会什么叫无为，很快就了解了。

比如生，就是不塞其源。我要种花的话，就看看这种花是需要水分多一点，还是少一点。这种花需要水分多一点，我就多提供一点给它，这叫作不塞其源。它喜欢什么样的土壤，我就提供给它什么样的土壤，其他的都不做。我只能顺应自然的规律，替它安排好一个外界的成长环境。我们应该记住，花有自己成长的环境。我们对小孩也是一样，你把他生下来，可是不能教他干什么，你只能给他提供一个适当的生存环境，其他的都是他自己的事。

畜，就是不禁其性。什么叫不禁其性？这种花喜欢阳光充足一点，我就把它移到外面去。那种花怕晒，我就把它弄到阴凉一点的里面去。实在没地方，就弄个荫棚把它遮盖起来。至于其他的事情，还能做什么呢？花要不要长完全是花的事情，花要长得好还是长得不好，也是花的事情，我无能为力，这样就叫无为。

"生而不有"。比如，老天把人生下来，他却不认为人是他所有。同样，我们父母把小孩生下来，应该记住，小孩是我们所生的没有错，是我们所养的也没有错，但不是我们所有。我们没有占用他的权力，我们没有所有权。

"为而不恃"。我做了很多事情，但是没有炫耀自己的才能。比如小孩的成长，长得好长得不好，都是小孩自己的事情。我们会不会每天把他的肌肉捏一捏，弄一弄，他就变样了？这是不可能的。小孩要胖是他，要瘦也是他；要长高是他，变成矮个子也是他。这才是事实。

"长而不宰"。我们让他成长，但是不主宰他。因为儿孙自有儿孙福，他喜欢学什么是他的事，他学得好不好也是他的事，他将来有没有好机会还是他的事，我们不可能去主宰他。连老天都主宰不了，我们做父母的，怎么可能去主宰儿女的前途呢？这就叫作玄德。

读了这些以后，我不知道大家有什么感想。现在动不动就是：我有什么专业训练；我做了多大贡献；要不是我的话，怎么能够有今天；谁要当我的学生，赶快过来……这都很奇怪的事情。

老子慢慢地把我们引入一个非常重要的概念，叫作"无"的大用。无用之用才是大用，有用之用经常都是小用。所以，我们接下来就要来讲无的大用。

曾仕强详解道德经：道经·第五集

《道德经》第十一章讲了无的大用，第十二章说了自我修养的基本功，在第十三章老子则为我们揭示了，人在宠辱面前为什么会失态。"宠辱若惊，贵大患若身"，这句话应该怎么理解？老子又有什么办法，能够让人们坦然地面对宠辱得失，从而做到宠辱不惊呢？

《道德经》第十一章，讲的是无的大用：**三十辐，共一毂，当其无，有车之用。**大家应该都很清楚，人类最伟大的发明，其实是轮子。如果当初没有发现轮子的功能，可能人类就很难进步。一直到现在，几乎所有东西，都跟转动的作用有连带关系。所以，老子就用轮子，来启发我们去想象。三十辐，是轮子里面有很多辐条，当然不一定是三十根。可是再多的辐条，如果中间没有一个空洞的轴心的话，也构不成车轮。这个空洞的轴心就叫毂。三十个辐条，聚积在一个空洞的轴心。"当其无，有车之用"，就是因为有这个空洞的轴心，才能够发生车子转动的功用。

埏埴以为器，当其无，有器之用。"埴"，就是泥土。"埏"，就是揉合。"埏埴"，就是把泥土拿来揉合。大家都知道，陶匠要做陶器的时候，一定先把泥土拿来，把里面碎的东西捡掉，然后再揉成泥团，这才开始去造器。可是不管怎么做，如果那个器没有装东西的空间，就没有用。比如一个方正的东西，就装不了任何东西。所以，"当其无"，就是因为它有那个看起来很空虚的空间，才"有器之用"，方才产生了可以盛装东西的、作为器物的这种功用。

凿户牖以为室，当其无，有室之用。工匠把门窗开凿出来，就是因为里面有这么大一个可以装人、装东西，可以来来往往的内部空间，这个室才有作用。如果这里面所有地方都塞满了东西，连人都进不来，那就毫无功能可用。因此，老子告诉我们，看房室的时候，"当其无，有室之用"。看它空间有多大，能摆

曾仕强详解道德经：道经

一个床，或者两个床，还能不能把它隔开来，一半做会客用？"有室之用"，房室的功用，就是那个无的部分。可是一般人只重视"有"的作用，却完全忽略了"无"的价值。

因此，老子提醒我们：**故有之以为利，无之以为用**。"有之"，它只是给我们便利而已，真正给我们用途的，是"无之"。所以奉劝当代的人，还是要汲取老子的教训。当我们看到"有"的东西以后，要去想它"无"的部分。我们一定要深一层去想，才知道用的根本在"无"，不是在"有"。这就是无心插柳柳成荫，有心种花花不发。古人之所以能够体会到这种很深刻的哲理，就是因为有《道德经》。它告诉我们，"有"跟"无"是相生的，而且是同出的，它们是同一类东西，分不开。有，如果没有"无"，就没有用；无，如果没有"有"，也用不了。因此，无心生大用，有物不通神。"无心生大用"，说的是一个人在无心时，那个心的功能才会大大地发挥出来。所以，人到底要有心还是无心，真的要好好去感悟一下。有心人，所想的大部分都是偏的。无心人，才会合乎自然的规律。无心对人好，才是真心对人好。有心，就叫作有心机，有心机多半是偏的。"有物不通神"，有了物以后，人就通不了神了。因为每天看的都是物，怎么还会注意到神呢？这个神，并不一定是我们现在所拜的神，而是让人看不清楚的，恍恍惚惚的，不可思议的那一部分表现。

这样，老子就是在告诉我们，从现在开始，不要只看到"有"的部分，还要去注意"无"的部分，那才真正是大用。那我们该怎么办呢？老子告诉我们，要杜外以养中。"杜外"，是杜绝外面给我们的一切引诱。"养中"，是养里面那个看不见的，但永远存在的良心。我们本来是很有良心的，可是被外界一引诱，良心马上就不见了，这很奇怪。当我们没有看到钱的时候，觉得做人要凭良心。可是当我们看到钱以后，那四个字大家都很熟悉，叫作见钱眼开。眼一开，良心就跑到背后去了。所以，"杜外以养中"，是我们修养自己最好的一个基本功夫。

接下来，我们就要来探讨《道德经》第十二章。

《道德经》第十二章中说："五色令人目盲，五音令人耳聋，五味令人口爽。"五彩斑斓的景色，使人赏心悦目，怎么会让人"目盲"呢？五音令人愉悦，又怎么会让人"耳聋"呢？老子列举我们生活中熟悉的这些事物，到底想说明什么呢？

《道德经》第十二章说：**五色令人目盲**。五色是指青、赤、黄、白、黑。实际上，老子这里所讲的五色，并不专门指这五个颜色，而且也不止只有这五种颜色。他的意思是告诉我们，形形色色，弄得我们目盲。目盲不是眼睛瞎了，而是眼花缭乱，根本看不清楚。我们真的很佩服老子，他在两千多年前，就知道现在这种灯光，会搞得人乱七八糟。于是，就写下了：五色令人目盲。

五音令人耳聋。五音是指宫、商、角、徵、羽。但是实际上，也不止这五个音符，就像现在的音乐会，什么样的声音都有。耳聋也不是说耳朵真的聋掉了。其实，目盲也好，耳聋也好，下面要说的口爽也好，都不是真的病了。如果是真的病了，其实还蛮值得我们同情的：你去看医生，要好好治！这些根本就不是病，只是自己找自己的麻烦，本来内心很宁静，现在却搞得乱七八糟。

五味令人口爽。五味是指酸、咸、甜、辛、苦。现在的人，把各种味道都给掺在一起，而且很喜欢说一个词：好爽啊！其实，这个爽是失掉的意思，就是差失。口没有味道，就叫爽。比如，我们说你又爽约了，就是你又失约了。"五味令人口爽"，就是各种味道，令人吃起来一点没有原本的感觉。

以后大家看人吃饭，看他拿筷子的样子，就可以知道他是什么样的人。如果他把手撑在桌子上，拿着筷子，不知道要吃什么，这个人就已经口爽了：这些东西有什么好吃的，都已经吃过了。这样只能自己痛苦罢了。还有人得了一种病症，叫作失味症。无论吃什么东西，都搞不清楚那个味道是什么。这种人，给他吃山珍海味，又有什么用？人最大的敌人，就是自己。整天把自己搞得眼花缭乱，什么颜色都看不清楚；整天把自己搞得震耳欲聋；整天吃得自己一点儿味觉都没有了。不少人都是这样，而且还不仅如此。

驰骋畋猎，令人心发狂。"驰骋畋猎"，就是骑马骑得很快，然后去打猎。打猎难道不好吗？不是不好。我们要明白，猎人打猎是为了生活，这是正当而且正常的。可是贵族打猎，他是以杀生为乐，心态完全不一样。他看到那个猎物被射死，就很开心。这种人，你跟他在一起，不觉得很危险吗？所以一个人，如果不是为了生活而驰骋畋猎，尤其现在用一句更可笑的话说，就是向自己的体力挑战。向体力的极限做挑战，这样的人能活多久？"令人心发狂"，疯狂的追求，会令人丧失掉理性。人一旦放荡以后，自己就控制不了自己了。

难得之货，令人行妨。"行妨"，就是妨碍了自己正当的行为。本来你是在正道上，结果越走越偏，越走越歪。我们在第三章已经讲过了，"不贵难得之货"，人不要去贵重那种很难得的东西。别人认为这很稀奇，我们看看就算了，不要去批评，也不要受他影响。因为这些金玉财宝、奇石异禽，最后会变成财富，却没有用。比如，钱本来可以做很多事情，可是一旦变成石头、变成珍宝以后，财富就变成欲望、身份、地位的象征。很多人去打高尔夫球，却根本对那个球一点儿兴趣都没有。他的意思仅仅就是向别人表现出：你看，我在打高尔夫球，我有地位，我有身份，我花得起。其实，他的心是很空虚的，否则用不着这样。

我们再回头看看老子讲的这几句话，现在人通通把它兑现了。"五色令人目盲；五音令人耳聋；五味令人口爽；驰骋畋猎，令人心发狂；难得之货，令人行妨"。如果不是为了那个名牌，人会去偷吗？如果不是羡慕人家手上那个戒指，人会这么拼命吗？这就叫"行妨"，就是妨碍了自己。本来可以顺顺当当地走上正道，现在一下子走歪了，歪得自己都没法控制，拉不回来。

声色犬马容易使人沉迷。不仅如此，当今社会高速发展，新奇事物层出不穷，更是吸引了人们的眼球，让很多人沉迷其中，不能自拔。对于这样的情况，老子有什么好的建议呢？

老子看到这些现象，就告诉我们：**是以圣人为腹不为目，故去彼取此**。老子告诉我们，做一个修道人，要把肚子填饱，而不要老用眼睛去看那些很新奇的东西。不看，就没有事了。而实际上也不是这么简单。"目"，表示人用目来奴役自己。比如，瞎子多好，不管大家说什么稀奇古怪的东西，他都看不见，所以根本没有感觉。人有了眼睛一看：这个我没有，那个很稀奇，这些我都要！这样，很快就变成目的奴隶。"为腹"，是以物养己。我们把这个以物养己，跟以目役己来比较：我顾自己的肚子，我是主人；我被眼睛引诱，到处去跑，我是奴隶。老子认为，我们真正为了生存而努力，这是应该的，也是合理的。我们做一个人，要满足自己的基本生活需求，这才对得起自己。可是一天到晚，都想找新奇的东西，都想比人家新奇，这就有问题了。现在就是这样：你怪，我比你还怪；你不像样，我比你还不像样。这样的人，就失去了主体。

"故去彼取此"，"彼"，指的是目；"此"，指的是腹。修道人，要去掉眼睛对外界的那些感受，不要受外界的引诱，否则很容易变成物的奴隶。我们后来有一句话，叫作玩物丧志。现在的人，很多都是玩物丧志：变成电脑的奴隶，变成手机的奴隶，变成电子游戏的奴隶，变成高尔夫球的奴隶，变成名牌的奴隶……这都是以目役己的表现。我们要向内顾好自己的肚子，充实自己的实力，才是正道。

杜外有三宝：目、耳、口。眼睛，该看的才看，不该看的根本就不要看。耳朵，该听的才听，不该听的根本就当成耳边风。嘴巴，该吃的时候才吃，不该吃的时候闭起来，什么都不吃；该讲话的时候才讲，不该讲话的时候，装装哑巴又有什么关系呢？

养内也有三宝：精、气、神。实际上做一个人，最要紧的是养神。道家的功夫，最了不起的是养神，所以中国人经常闭目养神。不像现在的人，整天张大眼睛东看西看，那是伤自己的神。我们如果要问，手机是死的还是活的？很多人说手机是活的。其实，手机是死的，因为它就是死的，人的眼睛才是活的。看手机看久了，活的死了。人就这么笨吗？我们对得起老子吗？

所以，老子进一步告诉我们，要杜外养内必须要做到无我无身。大道的根本，在无我无身。实际上，就是要破我执，破我见。

《道德经》第十三章说："宠辱若惊，贵大患若身。""宠辱若惊"是人们不愿意看到的，因此，很多人都提倡"宠辱不惊"，并把它当作自己的座右铭。可是真正在面对宠辱得失的时候，人们往往还是乱了方寸。为什么人们在宠辱面前，会表现得惊慌失措呢？而老子说的"宠辱若惊，贵大患若身"这句话，又该怎么理解呢？

《道德经》第十三章，老子说：**宠辱若惊，贵大患若身**。宠辱对人来讲，都是感觉很不安的。我建议大家自己去体会一下：当人家对你很好的时候，你会怎么样？你会觉得奇怪：他为什么突然间对我这么好，他是不是想打什么主意？就算你不这样做，也会想他对你这么好，你将来怎么回报他，或者是觉得自己应该更加努力。于是，你的心就不宁静了。如果受到了别人的侮辱，那就更不能宁静了：我怎么可以受这么大的侮辱呢？我父母都没有这样骂我，我从小没有受这么大的侮辱，你怎么可以这样说我呢！所以老子观察入微：受宠若惊，受辱若惊，合起来叫作宠辱若惊。

"贵大患若身"，是什么意思呢？我们把它当作自己身体那样重要，才会惊慌。我请问各位：是觉得身体重要，还是人家对你的侮辱重要？是身体重要，还是人家对你的宠爱重要？别人一宠爱，你就连身体都不要了，劳动自己，拼死了也要回报他，这就是宠爱重要，身体不重要。你认为别人的做法令你非常生气，真的就可能气死自己，这不是你的身体在受罪嘛！我们把宠辱看得跟身体同等重要，这是何必呢？

接下来，老子进一步解释什么叫作宠辱若惊，当然不是我们刚才解释的那么粗浅，否则他就不会提出这个问题。老子知道，一般人只看到"宠辱若惊，贵大患若身"时，就认为自己懂了，宠辱是身外之物，不要那么紧张就是了。但是老子认为，我们还应该更深入一点儿。所以，他接着说：**何谓宠辱若惊？宠为下，**

曾仕强详解道德经：道经

得之若惊，失之若惊。是谓宠辱若惊。

　　人得宠的时候，肯定会心存恐惧，因为这很难得，觉得自己不能失宠，一失宠就糟糕了。比如，以前的宫廷，尤其是后宫里出现的乱子，多数是因为受宠的跟失宠的争夺导致的，惊险万分，残酷不仁。

　　我们一般的说法是宠为上，辱为下，老子却不这样看。老子没有说什么宠为上，辱为下，而是直截了当地告诉我们：宠为下。宠对我们来讲，是不好的事情。比如，我们很多小孩被宠坏了，我们很多干部被宠坏了。历史上被宠坏的，最可怜的就是和珅。和珅刚出道的时候，他是最反腐败、最清廉的。可是被乾隆宠成了大奸臣、大坏蛋、大腐败。那当然是得之若惊，失之若惊了，这样才叫作真正的宠辱若惊。

　　老子告诉我们，有人提拔你的时候，你要特别小心，因为那绝不是好事情。一开始提拔你，没事；再提拔你，没事；继续提拔你，你的麻烦可能就来了。如果他不提拔你，你根本不会有麻烦。对于那位要破格录用你的上司，你一定要特别小心。那是不是要拒绝呢？其实也不必拒绝，你赶快去充实自己就对了。如果当时和珅这样想：哎呀，皇上这么宠爱我，我要更加小心，更不能做那种事情，不就好了吗？但是做到这点很困难。人往往都是一旦被宠就会变坏，所以老子才写了这一章。

　　何谓贵大患若身？吾所以有大患者，为吾有身，及吾无身，吾有何患？身体把大患带给我们，就好像宠辱把大患带给我们一样。这都是我们需要特别提高警觉的大患，这才是老子深刻的说法。老子说得很清楚，我之所以有大患，都是因为身体这个臭皮囊惹来的。如果我没有身体，还有什么后患呢？没有身体，就不会受外界任何引诱。那边很热闹，我也跑不过去，因为我没有身体，怎么跑得过去呢？那个东西在那里，没有人看着，我随时可以偷，可是没有身体，没有手，还怎么偷呢？所有的坏事，都是你的身体干出来的。身体跟荣辱一样，都是人之大患。

老子认为我们之所以执着于荣辱得失，之所以会受诱惑，会偏离道，就是因为我们有一副臭皮囊。可是这副臭皮囊是我们与生俱来、无法去除的。那么，老子有什么方法，能够让人们摆脱身体的束缚，从而做到"无我"呢？

有了身体，我们就很容易受外界的引诱，回过头来伤害自己的身体。那怎么办呢？能不能干脆连身体也不要了？当然不行。因为有身体，你会做很多坏事，没有身体，你连好事都做不了。所以老子算来算去，还是要我们贵身，即好好保护自己的身体，只是不要让他受外界的引诱。

如果我们真的珍视自己身体的话，要怎么样做呢？老子说：**故贵以身为天下，若可寄天下；爱以身为天下，若可托天下**。我们要把这个身体奉献给天下，要担当天下万物生存的重责大任，而不是只考虑自己一个人。这样的话，我们就可以为天下万物所寄，然后就可以无我，就能与天下万物共存，就没有个人的荣辱了。

我见过一个人，真的很佩服他。他与另一个人是死对头，一见面就吵，一见面就骂。有一天，他们两个人同时出席一个会议。他的对头上台讲话，一上台就骂他。这个人正好坐在我旁边，他只是在那里静静地听，眼睛看着台上的人，好像完全没有感觉。我出于关心，又不敢直接说，就问他："你是不是生病了呢？"他明白我的意思，笑笑说："我听他骂，好像不是在骂我，跟我一点儿关系都没有。"当时我真的很佩服他。别人骂别人的，你不听就好了。耳朵是你自己的，干吗变成他的工具呀？
这个人真是有大智慧、大胸怀。

"爱以身为天下"，如果我们真的爱惜自己的身体，就不
会胡作乱为来伤害自己的身体。那么，这个身体这么宝贵，用
来干什么呢？就是要为天下人做事。如果真能这样，"若可托天
下"，就好像天下万物，都可以委托在我们身上。贵身的人，不
敢用宠辱来伤害自己，因为他要做更大的事情。我们心存天下，
与万物并存的时候，就会忘我。最起码会觉得自己不重要，自己
的身体也不重要。为什么不重要？因为你这个身体，如果不能替
天下万物尽一点点责任，只是天天在这里吃饭、消化、浪费资
源，有什么用呢？

有的人，他的一生就是这样的：我的身体要紧，其他的都不
重要。这种人叫什么呢？中国人骂得最厉害，就是饭桶。因为除
了当饭桶，他没有任何功用。老子以非常锐利的眼光为我们指出
了这些事情，我们一定要好好体会。要善用这个身体来为天下人
做事，要无我无身，宠辱相同。这里又出现了一个"同"字，所
以不要认为，这些第一章我们已经读过了的就算结束了。老子，
他始终在告诉我们：有无是同样的，没有分别；宠辱是同样的，
也没有分别。

接下来，老子告诉我们，道是看不见的，但是那个道的规律
是隐隐约约，每个人都很清楚的。拿这一章做例子，无我无身，
听起来好像做不到。实际上如果真的懂了，这一章所讲的话，是
很容易做的，那不过是一念之差而已。《道德经》下一章就告诉
我们：道纪很玄妙。道虽然看不见，但是道的纪律好像很清楚，
但是又说不出来，隐隐约约的，果然玄妙。

曾仕强详解道德经·道经·第六集

《道德经》第十四章讲述了究竟什么是道纪。老子说："执古之道，以御今之有。""古之道"真的能帮助我们掌控现在的生活吗？第十五章揭示了大道入门的要领，而第十六章则探讨了如何依道而行。老子说："夫物芸芸，各复归其根。归根曰静，静曰复命。复命曰常，知常曰明。不知常，妄作凶。"既然万物皆可"归根""复命"，那么，我们人类是不是也可以"复命"呢？而这个一再提及的"常"字，又指的是什么呢？

　　《道德经》第十四章讲出一个"道纪"，并告诉我们"道纪"很玄妙。至于如何玄妙，这要先从道说起。

　　老子说：**视之不见，名曰夷；听之不闻，名曰希；搏之不得，名曰微**。道在哪里，我们看不见，所以叫作"夷"。用心去听，听不到任何声音，所以叫作"希"。用手去抓、去摸，也抓不住、摸不到，所以叫作"微"。

　　此三者不可致诘，故混而为一。"诘"，是问的意思。看不见的东西，听不见的东西，摸不着的东西，我们都不知道从何问起。既然不能问，只好静下心来去想。这就是我们平常所讲的：只能意会，不可言传。道，就是这么一个东西。正因为道说不清楚，也写不出来，所以混而为一。"混而为一"这四个字很重要，意思是说道无色无声无形，分不清楚它具体是什么形状。"一"，就是道的体。我们今天常常讲的本体论，就是在讲这个"一"。老子接下来写的文字，就是来形容这个"一"的。

　　其上不皦，其下不昧。"皦"，是光亮；"昧"，是黑暗。其上不光亮，其下不黑暗，意思是说道体是看不清楚的，但是道的现象是很清楚的。我们到处可以看到道的现象，比如人会打喷嚏，会抓痒，会看别人不顺眼，一定有原因，要是去找原因，一定找得到。

　　绳绳兮不可名。"绳"，就是绳子。道像一根绳子，延伸不断。可是，它又在转来转去，让人搞不清楚它的方向到底是哪里。"不可名"，就是没有办法给它起个名字。

曾仕强详解道德经：道经

复归于无物。一般人总认为，从这里回复原点才叫复，其实不一定。就像我们早上起来，绝对不能算刚开始，因为我们昨天已经起来过了。晚上躺床上去，也绝不是第一次躺，而是又回复躺在床上了。我们一天总是这样回复：早餐刚吃完，肚子饿了，回复吃饭；吃了，中午肚子又饿了，再回复到餐桌上吃饭……这里"复"的意思，就是反反复复。我想，这就是我们民间相信轮回的一个主要根源。"复归于无物"，说的就是回复到"无"的状态。

老子接着说：**是谓无状之状，无物之象，是谓惚恍**。"无"，不是一无所有，而是无形无状也无象。可是说它无状，又隐隐约约有状；说它无物，又隐隐约约有物，这就叫作"恍惚"。老子怕我们把它看成一般人所讲的话，所以用"惚恍"这个词。

迎之不见其首，随之不见其后。去欢迎它，连头都找不到；去欢送它，连尾巴在哪里也不知道。向上去找，永远找不到最上的；往下去探，也探不到最深的。上，是道体，是万物的本源。不管现代科学多么发达，人都是追不到的。下，是万物生存变化的作用。人同样看不到哪个是最后的。

道虽然看不见，摸不到，但却一直是中国人认知事物、处理事物的依据。"执古之道，以御今之有"，用古之道，为什么可以驾御今天所有的事物？这句话对于现代社会的重要意义，又在哪里呢？

老子说：**执古之道，以御今之有**。其实真的懂得管理的人，这句话就是管理的定义：用古之道，来处理现在所看到的现象。面对现在所发生的现象，要怎么去处理，我们不能凭自己的意见。现在的人就是凭自己的意见，所以每次都在尝试，都在摸索，最后耽误了时间，浪费了资源，一无所成。其实，这就是不尊重道。如果尊重道，你就知道这些现象虽然好像现在才有，但是要用古往今来的那个一以贯之的"道"来处理它，才不会出错。

道，在这里不是道的本体，而是道的作用。道的作用就是道的规律，也就是自然的规律。用自然的规律，来处理现在所看到的现象，就叫作正宗的管理。

能知古始，是谓道纪。"古始"，就是自古以来道作用的原理，老子用"道纪"这两个字来说明。道纪就是道的生化作用，所留下来的痕迹和纪律。

在儒家，也是同样的说法，因为他们都是从《易经》来的。这是现代人最需要了解的，叫作持经达变。现在人把持经去掉了，说明受西方的影响非常严重。当整个社会都追求"变"的时候，这个社会是永远不能安定的。社会越变越动乱，就是因为人心越来越动乱。人心求变，社会必然动荡不安。现在整个社会都在讲求新求变，都在讲创新，完全没有执古之道，以御今之有，完全没有尊重道纪，这是人类非常严重的危机。

老子当年苦口婆心地讲了这么一段，但是很多人都忽略了。所以老子紧接着告诉我们，大道入门是有要领的，叫作微妙玄通。好好体会什么叫作微妙玄通，就可以慢慢找到大道的入门。

《道德经》第十五章就是大道入门的要领："古之善为道者，微妙玄通，深不可识。"在人们的印象中，得道的高人大多

用自然的规律，来处理现在所看到的现象，就叫作正宗的管理。

——《道德经》的智慧

89

曾仕强详解道德经：道经

是深不可测的。老子说他们之所以深不可测，是因为他们"微妙玄通"。那么，"微妙玄通"这四个字，是什么意思？作为一个普通人，能不能让自己变得"微妙玄通"呢？

《道德经》第十五章说：**古之善为道者，微妙玄通，深不可识**。老子特别用了这四个字：微妙玄通。"微"，是指修道人的念头很精微；"妙"，是指他的心思很精妙；"玄"，是指他的功夫很深奥；"通"，是指他什么都通，一点没有阻碍。因此，一般人没有办法来形容他，只好用微妙玄通来形容他。意思是说深不可识，太深了，没有办法了解。

有人读了《道德经》以后，也想修道，就表现出一副深不可识的样子，而他本身的功夫又不足。因此，他就走偏了，叫作故弄玄虚。故弄玄虚是假道学，不是真的道。

夫唯不可识，故强为之容。"容"，是形容、描述的意思。实在没有办法，用简单几句话把道说清楚，所以只好用各种方法，来勉强形容什么叫作道。

接着，老子用七句话来形容：**豫兮若冬涉川，犹兮若畏四邻，俨兮其若客，涣兮其若凌释，敦兮其若朴，渊兮其若谷，混兮其若浊**。这七句话分成四段，正好是"微"两句，"妙"两句，"玄"两句，"通"一句。

"豫兮若冬涉川，犹兮若畏四邻"。"豫"，就是迟豫不决。"若冬涉川"，好像冬天要过河。在北方的人都知道，冬天河面是要结冰的，但是冰面并不一样厚，有的地方很厚，有的地方很薄。如果人走在薄的地方，一不小心就可能掉下去。因此，冬天要过河，人当然是迟疑不决的。"犹兮若畏四邻"。"犹"，就是犹豫不定。"若畏四邻"，好像他对四周的人都心存戒惧。因为他怕干扰到别人，怕吵闹了别人，怕引起别人的不安，怕被人家笑话。豫跟犹结合在一起，就叫作犹豫。犹豫，就是从外表看，这个修道的人，很犹豫不决，左右为难，摇摆不定，把持不稳。我们都看不起这样的人，可是真正看懂了他，就知道他思虑精微，能够洞烛机先。

"俨兮其若客，涣兮其若凌释"，这两句话是讲妙的。"俨"，就是严肃，严肃得好像做客人一样。现在有很多小孩子，随着自己的父母去拜访人家。可是到了人家那里，好像在自己家里面一样，到处拿这个，丢那个。这样父母是不是很尴尬？主人也会觉得不知道怎么办好。这就是不够严肃。"涣兮其若凌释"，"涣"，就是焕发，精神很焕发，像春天的阳气。春天的阳气，它的功能就是使冬天的冰整个溶解，变成水来滋长万物，这就叫释。"释"，就是冰释。

"敦兮其若朴，旷兮其若谷"。"敦"，是敦厚。"朴"，是没有经过雕刻的原木。凡是没有经过人工去改造的一些素材，都叫朴。我们说这个人很朴素，就是说他是"素材"，今天叫素人，即没有社会经验的人。"敦兮其若朴"，好像从来没有见过世面那么朴素。"旷兮其若谷"，"渊"，是很深的意思。"其若谷"，好像空旷的山谷。这个渊够深，够大，够广，容得下万物。我们常常讲某人虚怀若谷，就是说这个人的胸怀像谷一样宽广，可以容纳所有的事情。其实，我们做人不能太计较小的事情，讲过就算了，不要老放在心里头变成疙瘩，这就叫玄。

"混兮其若浊"，"混"，是混而为一的意思。因为混而为一，所以不可捉摸。不可捉摸，就是浊。那怎么办呢？让它静一下，自然就澄清了。越急，越没有办法，越可能徒劳无功。所以，先把心安静下来，水也会跟着安静下来，这是有感应的。

曾仕强详解道德经：道经

《道德经》第十五章接着说："孰能浊以静之徐清？孰能安以动之徐生？"这两句话提醒了人们一个欲速则不达的道理。近些年来，我们的生活节奏似乎越来越快，可是很多事情，却因为刻意地追求快而适得其反。为什么不静下来，等一等再做呢？

老子说：**孰能浊以静之徐清？孰能安以动之徐生？**这两句话非常有意思。谁能够做到浊的时候，什么事都不做，就安安静静地慢慢等它变清？谁能够在动的时候，不要阻止它，自己先安静下来，用感应的力量，让它也慢慢静下来，然后徐徐地生出你所要的东西来？

道理其实很简单，你回家肚子饿得要命，可是太太在厨房里面还没准备好吃的东西，你就要读这两句话：孰能浊以静之徐清？孰能安以动之徐生？先静下来闭目养神，她那边知道你回来，自然会加快。干吗跑到厨房咄咄逼人？讲些"肚子饿得不得了"的废话，这只会让她越来越慌张，还可能因为慌张把本来煮好的汤，打翻了。"熟能浊以静之徐清？熟能安以动之徐生"，这个"安"跟"静"，是我们必须要去修养的东西。

保此道者，不欲盈。懂得这个微妙玄通道理的人，会始终保持不求满足的心态。

夫唯不盈，故能蔽而新成。因为它始终不盈满，所以能够不断地继旧开新。这才是最要紧的东西。满满的容器，是装不进去东西的，也产生不出新的东西。

我们不反对变，也不反对新，但是我们反对乱变，反对不成熟的新。不求过多，不求过快，即使有所新成，也不能夸示于人，这是修道人的修养。"你们等等，新的要出来了"，结果一出来，别人一看乱七八糟的，这种案例太多了。什么都求快，生怕被别人占掉先机，却忘了欲速则不达。古代人的智慧，在我们这一代几乎全部都废掉了。其实，老子很早就已经知道，现代人最需要的，就是第十六章虚极静笃的功夫，叫作归根复命。

《道德经》第十六章中说："夫物芸芸，各复归其根。归根曰静，静曰复命。"万物都会归根，也都会复生，人的生命也会"复生"吗？而"虚极静笃"的功夫，与"归根复命"又有着怎样的关系呢？

《道德经》第十六章，讲虚极静笃的功夫。

我们一般人讲修身，实际上要修心，两个要并重。修心，就是要虚极，要静笃。所以，老子说：**致虚极，守静笃**。致虚跟守静，这是两个非常重要的功夫。

"致虚"，就是我们的心要虚，要虚掉心中的执着。我们心中经常执着，要晴天才好，下雨天就不好了；晚上要热闹才好，安静就很寂寞，这就是执着，而且是盲目执着。不把这些虚掉，就化解不了我们的心病。虚掉我们心中的执着，就叫作"致虚极"。

"守静笃"，守静要守到很笃实的程度。这很不容易。安静一分钟可以，两分钟可以，第三分钟就不行了。静是非常不容易的事情，能够使心归静，要花很大的工夫。

万物并作，吾以观复。一般人只看到天下万物变化无穷，好像有看不完的纷纭复杂。其实，只要你看到根本，会发现它们都是一样。比如人，一生千变万化、各不相同，最后结果却是一样的。三尺高、三尺宽、六尺长一个棺材，就解决了。既然结果都一样，那么我们就不要看重它。人生是来欣赏过程的，而且要有起伏，才有收获。平平安安、顺顺利利，那叫白活一生。

曾仕强详解道德经：道经

夫物芸芸，各复归其根。不管外界的事物如何繁华、茂盛、复杂、变化多端，最后都会回到根部。有个词叫"根生"，这个"根"，跟"变更"的"更"相通。根生，就是又来一次。如果不能又来一次，就不叫生生不息。那道还有什么作用呢？只要根部存在，就会复发，就会各复其根。人也是一样，身体用完了，灵魂又回去再找一个身体，又来一次，这是非常有可能的。道的作用，就好像根一样，只要根没有烂掉，随时可以复发出来。

归根曰静。"归根"，就是要能够静。我们一般人都说，死了就静了，活着就要动。其实不对。有一句话，大家要好好去体会：死在生前方为道。一个人在生的时候就要去想象，自己死的时候会怎么样，这样他的人生会有很大的改变。人在临走的那一刻，手慢慢麻木，嘴巴不能动，眼睛也转不动，一切慢慢僵化的时候，只有脑筋在不停地动，它是在审判自己。基督教讲最后的审判，其实是说人在审判他。用现在的话说，就是人在临终前，会很快速地倒带，把这一生从头到尾放一遍。大家要切记至关重要的一句话：功过不相抵。功过是不能相抵的。现代人很有趣，老讲功过相抵。既然功过相抵，人就会随便犯过失。其实，你撞了人家，再道歉，说对不起，都是不对的。所有的过你都要承受，你打人家一下，人家到时候会以同样的力道打你一下，丝毫不爽。

静曰复命。人死了以后，并不像我们所想象的，好像木头坏了，烧掉一样。他的命会重来，所以人在活的时候，就要去想死后会怎么样。现在的人想到死就怕，就是因为对死一无所知，很恐惧，很迷惑。

复命曰常。生命来之于自然，又回归于自然；生命来之于道，又回归于道。这是常态。

知常曰明。要明白常道才叫知常，才叫明白人。做人要做一个明明白白的人，实在不容易。

不知常，妄作凶。现在的人差不多都是这样，根本不知道什么叫常态，什么叫平常，什么叫恒常，更不用说什么叫知常了。所以，都是妄作、妄求、妄念。最后，自遭其祸，自作自受，怨天尤人又有何用？

老子告诉我们，大道是因果循环，报应不爽的。人生在世，不光要活得精彩，还要能够走得安心。这就要求我们约束自己，"依道而行"。那么，怎么样才算是"依道而行"呢？

知常容，容乃公，公乃全，全乃天，天乃道，道乃久，没身不殆。人只要懂得这些道理，终其一生都没有危险。

"知常容"，知道常道以后，人才会用虚来容有，才会知道逞一时之快没有意思。人家告诉我什么，其实都是我自己安排的。当然，这一段很难理解。

有人骂你，你如果说"你凭什么骂我"，就会很生气。你要明白，这都是你自己安排，让他来骂你的，这样你才会清醒，这才是容得下了。其实会骂你的人是谁？是观世音菩萨。这样，你的心态就完全不一样了。五十岁以后，我发现有人对我板脸，对我讲难听话，我都是"阿弥陀佛！观世音菩萨！只有你才肯这样对待我，别人谁肯呢"，这样我就没事了。但没事不是说不听了，而是要听取这个教训。

"容乃公"，"公"，是公正，不是公平。一般人听到公，就想到公平。天下没有公平的事情，同样是一对父母生下来的子女，父母对待他们就是不一样的。照理说，父母是最公平的。现在的人很喜欢讲公平，是自讨苦恼。当你没有私心，当你没有我执的时候，你就知道，他有位子坐，我没有位子坐，是公正的。虽然不公平，但是很公正。若是一定有问题，那也是你自己有问题。

"公乃全"。什么叫整全？就是自性。每个人有不同的本性。这就让你想到：大概是我累世所造成的，要不然为什么他嘻嘻哈哈上车了，我却赶不上？为什么他糊里糊涂就有位子坐，而我累得要命，却找不到位子？光看这一段时间，是看不出来的，因为它不全。如果再放大，就可以看到，它根本上是循环往复，周而复始的。找不到开始，也找不到结束。所以，不能凭一段时间来做评断。

"全乃天"，当你看得很全面的时候，就会知道，原来天才是最公正的。这个时候，你就进入天人合一的境界了。其实，天就是道的代表。老子专门从天道出发，来告诉我们人应该怎么样去了解天道、配合天道。

> 人的生命是有限的，我们只有遵道，才能够长久。
>
> ——《道德经》的智慧

"道乃久"，道是永恒的。久是告诉我们，人的生命是有限的，我们只有遵道，才能够长久。真的是这样吗？不用急，老子在后面会把这些都交代得很清楚。

当然，要把这些道理，跟政治合在一起，才能够全民化、普遍化。如果单独要求一个人，有时候很难。因此，必须要透过政治，才有办法改变这些事情。第十七章老子就把他所发现的，跟政治融在一起，叫作道政合一。这是全世界最好的东西。

曾仕强详解道德经·道经·第七集

"道"乃万物之本，而老子在《道德经》第十九章中，却指出了"道"的三个弊端：圣智、仁义、巧利。这些备受追捧的东西，在老子的眼中，为什么却被看作是弊端？"太上，不知有之；其次，亲而誉之；其次，畏之；其次，侮之"，老子认为儒家、法家的治国方法都不理想，只有"太上"才是最上等的政治。那么，怎样才能达到"太上"的政治效果？人们又为何要尊称老子为"太上老君"呢？

《道德经》第十七章，老子把中华道统最大的特色说出来，叫作道政合一。意思是主政者、从政者，都按照道来施政，这在其他的国家，我们还没有见到过。

老子说：**太上，不知有之；其次，亲而誉之；其次，畏之；其次，侮之**。我们可以看到，老子把君王分成四个等级，最高的等级叫作太上。太上指的是最上等的政治，它是道政合一。这样大家才知道，为什么我们后来尊称老子为太上老君，就是因为老君是修道的人，在众多的修道人当中，我们认为，而不是老子自己认为，最高等级的就是老子，所以我们尊称他为太上老君。

"太上，不知有之"，老百姓隐隐约约感觉到，好像有人在治理这个国家，可是大家不知道这个人是谁。为什么？比如，我们看鱼在水里面，水跟它的关系是很自然的。水没有说这个鱼怎么老在自己这里搅和，鱼也没有感觉到水在供应给它最好的东西。两者似乎都没有什么特别的感觉，相忘于无为，各遂其性，各做各的事，各过各的生活，各安其位，各得其乐。

"其次，亲而誉之"，次一等的，彼此之间互相亲近，互相赞美。这就是儒家所讲的礼乐安民，修己安百姓。所以，儒家的最高等级对老子来说，那是次一等的。道家主张我不给你压力，你也不要给我压力；我不必感谢你，你也不必感谢我；我们各人走各人的道，但是彼此都在同一个道上。大家可以从这里去领会一下。

"其次，畏之"，似乎有点法家的感觉。当然了，老子当时

曾仕强详解道德经：道经

还没有很明显的法家意识，只是隐隐约约有那种主张。我们今天把法治看得很高明，实际上是很惭愧的事情。大家很害怕违法，而一旦违法，政府就认为是你不对，就要惩罚你。这并不是一种很理想的政治。包括儒家所主张的礼治，都有不足的地方。所以，我们今天讲法治，是不是应该把礼治，也一并看看。我们一天到晚在讲法治，那根本是西方人的观念。西方人不知道什么叫礼治，不知道什么叫道政合一，他们就认为法是最高的等级，这是他们的事情。

　　"其次，侮之"。为什么会这样呢？因为政府越禁止，社会就越紊乱；老百姓越反抗，政府施压就越强；最后人民不怕死，就开始来抗议，然后集会游行，对政府给以更大的压力。现在大家打开电视机都可以看到，几乎西方的国家都是这样的。

　　政府骂老百姓，老百姓骂政府，彼此就像孔子所讲的"君不君，臣不臣"。大家看看现在西方的政府，总统看上去了不起，却整天挨骂，简直被骂得不成样子，这成何体统！可是我们总觉得西方是对的，好像我们也应该那么开放、自由。其实，冷静想一想，那完全是刁民，是暴民政治，是非常可怕的。

　　老子为什么说会越来越差呢？主要就是：**信不足焉，有不信焉**。君王不讲诚信，不以诚信来修己待人，老百姓就不相信君王。在我们的历史上，这种事情并不少见，幸好每次都能及时还本归原，调整过来。

　　老子认为"太上"才是最上等的政治。那么，究竟怎么做才能达到"太上，不知有之"的理想效果？老子在《道德经》第十七章中，又告诉了我们哪些施政方法呢？

讲到这里，老子接着告诉我们，看到这些事实应该怎样做，就是：**悠兮其贵言，功成事遂，百姓皆谓我自然**。这是很有意思的一种景象。"悠"，说的是很悠闲，很悠长，不会三天两头就乱了。这也是老子一再说的要处无为之事，要行不言之教。所以"悠兮"，我们可以把它跟"处无为之事"连在一起想；"贵言"，可以把它跟"行不言之教"合在一起想。其实，"言"这个字在《道德经》里面，多半是负面的。

老子要我们把脸上能够关闭的器官，尽量关闭起来。比如，眼睛能够闭起来，就不要乱看；嘴巴能够闭起来，就不要说话。鼻子不能闭，否则人就没气了；耳朵也不能闭，因为要听四方八面所有的声音，然后才知道该怎么样去处理这些事情。

"贵言"，"贵"，是重视的意思。若真的很重视自己的话，就不能多说。所以，贵言就是不要多说话。言多必失，祸从口出，这一点儿也不假。但不是说我们闭了眼睛，闭了嘴巴，什么都不做，就叫无为。因为老子要求我们要功成事遂。意思是说，我们要在默默当中，完成天下太平这样的大事，使得人民都能够安居乐业。但是最了不起的是最后这句话：百姓皆谓我自然。百姓都说我自然，一切一切都是自自然然的。百姓不知道这是君王所赐，也不必感恩。这样各位才知道，为什么我们没有宗教？因为宗教是要人感恩的，要人害怕上帝，要人感恩上帝，连吃一餐饭都要感谢上帝的恩赐，这是中国人很难做到的。

《道德经》一共出现过五次"自然"，这是第一次。其实老子所讲的道，完全表现在自然。但是老子所讲的自然，跟我们所想象的自然有一些距离。所以，我们一定要把它说清楚，自然不是天然。可见老子不反对人为；如果老子完全反对人为，什么功成事遂，写给谁看呢？你没有做事能有功吗？你没有做事，那个

曾仕强详解道德经：道经

事情能完成吗？

老子所讲的自然，有三个方面的内容。

第一个，天然。天然就是物理的自然，春夏秋冬，四季交替，是自然现象。万物生育，生了，长了，然后灭了，亡了，也是自然现象，这些跟道德一点关系都没有。比如，今年春天特别长，是人类道德表现得好，这样讲有什么意义？今年月亮特别亮，是因为大家有良心，我想也没有人会相信。因为天然的事情，跟我们的道德扯不上关系，我们不能用是非来做评判。

第二个，人性的自然叫天性。人的天性，就是人的本性，也是人的自性。"食色，性也"，如果人连吃饭都不想的话，就太危险了；如果见到异性，没有一点动心，那我看人类也快完蛋了。可是现在好像越来越多的男人看到女人没感觉，女人看到男人没感觉。而且男女分不清，越来越多的人看着像男的，又不是男的，像女的，又不是女的。这才值得我们警惕，因为人性自然都没有了。

人与生俱来的本性，要自然地去发展，不能压抑，所以思想家没有一个人叫我们禁欲。人要自然发展，自然生，自然活，自然死。我想请问大家：贪生怕死是不是人性？当然是。所以，也不要笑话人家贪生怕死。但是，为了国家、为了民族豁出去，连命都不要，那也是自然，只不过叫作人为的自然。在特殊的环境里面，我们要有特殊的表现，只要不违反自然规律，人早晚都会一死，怕什么呢？中国人常讲，十八年后又是一条好汉。现在早走一点，将来早出生，早死早投胎罢了。可这种话，只有在特定环境里面才可以讲，一般人不可以讲，因为人是没有权力自杀的。

第三个，合乎自然规律的、人为的种种措施，都叫自然。"无为"，就是没有违反自然的规律。我们刚刚讲过道纪，只要不违反道纪，那就可以去做，而且还必须做。人活着就是要动，动不是乱动，而是要大有为的动，不是为自己，而是为整个人类着想。人活着要善尽人的责任。因为人跟动物毕竟不同，我想这一点是中华道统最了不起的地方。人如果整天讲权利义务，就跟人的价值相差太远。人是有责任的，要替天地万物着想，要让它们能够按照自己的本性，自自然然地发展下去。无为一定要大有为，无为一定要无不为。否则的话，就不合乎老子的要求。

人活着就是要动，动不是乱动，而是要大有为的动，不是为自己，而是为整个人类着想。

——《道德经》的智慧

讲到这里，很多人会有这样的疑问：道德到底从哪里来？你说春夏秋冬跟道德没有关系，那为什么儒家一天到晚讲道德呢？难道没有根据吗？当然有。道是德之本。因为道是看不见的，所以一个人是否按照道去走，我们要看他的行为、态度以及言谈举止。这叫道的作用，这就是象。一切一切的道德，都是从道产生出来的。但是道是根本，德是有所得。所以，"德"跟"得"同音，意思是人按照道去走，走出来就叫德。

从古至今，我们都以忠臣孝子为荣。但是，老子在《道德经》第十八章中却说，正是因为"家庭不和"，我们才会拼命去彰显"孝慈"；正是因为"国家昏乱"，才会出现"忠臣"以死相谏。这些我们时时标榜的，往往都是些低层次的东西，而高层次的反而被我们丢掉了。那么，那些被我们丢弃掉的、高层的东西究竟是什么？"大道废，有仁义；慧智出，有大伪"，又是什么意思呢？

曾仕强详解道德经：道经

《道德经》第十八章，讲道为德之本。只有简单几句话：**大道废，有仁义；慧智出，有大伪；六亲不和，有孝慈；国家昏乱，有忠臣。**

"大道废，有仁义"，听起来好像怪怪的，怎么会这样？仁义不是很好吗？仁义当然好，但是如果能把层次再提高一点，就会恍然大悟。大道就是常道，常道是不会废的。但是人把高层次的东西丢掉了，却拼命宣扬低层次的东西，这才是自己害自己。比如，每一个人都依道而行，那自自然然就合仁、合义；可是一旦标榜仁义以后，就有很多人假借大家所喜欢的仁义之名，来行不仁不义之事。所谓忠不忠，所谓贤不贤，是历代都存在，令人很痛心的事情。这人是忠臣，后来才知道原来是大奸臣；这人最爱国，后来才知道是大汉奸。

"慧智出，有大伪"。老子在这里不用"智慧"，而是用"慧智"，就是告诉我们，如果君王用智来治国，那么整个社会通通是假象。反正你要他怎么样，他就假装怎么样。一直到现在，中华民族还是如此，上有政策，下有对策。能改吗？不能。因为法治对我们来讲不是很高的层次，这是我们的民族性决定的。

西方人可以，他们在法没有通过以前会有意见，但是法一旦通过，他们就完全没有意见。我们做不到。这没有好坏，各走各的道。我们知道，所有的法都是一时性的，满足不了变化多端的环境，所以最后一定很僵化。而僵化了又不能改，人就假装顺着那个法，在里面投机取巧。这叫游走于法律边缘，这种人实在太多。我说一句不好听的话，特别是学法律的人，有的是钻空子专家：我最明白了，你找我没有错。这有漏洞，我告诉你怎么走过去。历代都有这样的人。

于是，老百姓就用虚伪的态度来应付君王的要求，这就造成了第十七章所讲的"信不足焉，有不信焉"。越实施法治，社会越动乱，所以要特别小心。

"六亲不和，有孝慈"。六亲不和的时候，才有人出来讲要孝，要慈，否则孝跟慈都是很自然的事情。比如一个家庭，本来就有亲情，现在我们很不幸地学了西方，认为要有《儿童保护法》，结果儿童就倒霉了。本来对于儿童来说，大人自然会予以保护。以前很少有人去性侵小女孩，这是不太可能会发生的事情。正是因为现在整天报道性侵，很多人才知道原来可以性侵，于是这样的事情就多了起来。

孝和慈是不能鼓励的，一鼓励就是假的。比如我们选举模范父亲，很少是真的，所以后来就不敢选了。因为男人都在外面工作，只要一选出来，就有人质疑：你是模范父亲，你模范在哪里？都是父亲，非要选一个模范父亲来侮辱所有的父亲，这是在干什么呢？再比如劳工节，本来大家都很愉快，纷纷庆祝。选一个模范劳工，那就把所有其他劳工都侮辱了，非做这种事不可吗？孝子本来就应该是孝子，因为这家的父母特别差，才弄出一个孝子来标榜，这就是陷父母于不仁不慈了。

"国家昏乱，有忠臣"。每次读到大家说魏征是忠臣时，其实我很不舒服，那是在说唐太宗不行。如果一个君王很好，他就不需要有死谏的臣了。如果没有商纣王，比干的心肝就不会被挖掉。幸好我们历代只有一个魏征，如果时时刻刻都有魏征，那说明所有的君王都是昏庸的。国家昏乱，才会靠一些忠臣死谏，这是不得已的办法，不是好事情。

那么，什么叫作道政合一？什么叫作道为德之本？我们中华民族已经有一条很清楚的路，就是大家非常熟悉的一句话：大道之行也，天下为公。当在大道之行的时候，人不行仁义，仁义自然就出现了，这叫无为之治。而慧智呢？它是社会人群的大患，跟大道是相违背的，大智无智，大慧无慧，大深无深，大化无化，这个道理大家真的要好好去想一想。大悟是不悟，大律是无律，大谋是不谋，大用就是没有用。

道家的整个精神就在这几句话，叫作全真。全其真，而覆以道，这是非常难得的。所以，道教里面有一个叫全真派，全真就是八八六十四卦里面的无妄卦，就叫真人。

大家可能要问：他是真人，难道我们是假的吗？不错，我们在没有修成真的以前，其实全是假人，虽有人的样子，但没有把人做出来。这就是我们常讲的那句话，人不为己，天诛地灭。人没有把自己的真面目做出来，就天诛地灭了。伦理失常以后，孝慈就变成了形式。如果一个小孩，我们一天到晚告诉他要孝敬父母，很显然他就是不孝。如果他已经很孝了，还教他干什么？比如我们要求他对自己的儿子要好一点，就表示他对儿子不好。我们敢去跟隔壁讲"你们千万要对儿子好一点"这种话吗？不挨揍才怪。

全世界都有五伦，所以五伦没有什么稀奇的。我们中华民族最宝贵的不是五伦，而是五常，只有我们中国人懂得五常。什么叫五常？就是夫妇有别，父子有亲，君臣有义，长幼有序，朋友有信。

"夫妇有别"，外国都是男女平等，我们是夫妇有别，即虽然是男女，但是有别，不要去讲什么平等不平等。"父子有亲"，现在搞得爸爸做儿子的朋友，儿子就没有爸爸了，还有什么亲不亲呢？"君臣有义"，既然有上下，就得忠心耿耿。"长幼有序"，弟弟再不服气，也得听哥哥的。"朋友有信"，朋友之间最起码的要讲信用，否则人家把你当朋友，你却处处让人家吃亏，那要你这种朋友干什么？因此，我们真的应该把老子的主张，彻彻底底搞清楚，才能知道道是非常可贵的。本来全世界只有我们懂得，结果我们却把它丢掉，去向那些不懂的人看齐，这是很奇怪的事情。

要怎么样才能变成真人呢？一个人只要他的行为可以称"道"，他就变成真人，何乐不为呢？大家不必急，一步一步来。接下来，老子告诉我们，道有三弊，有四要。

《道德经》第十九章中，指出了"道"的三种弊端：圣智、仁义和巧利。这些被世人普遍追求的东西，在老子的眼中，为什么却被看作是弊端呢？

在《道德经》第十九章，老子开篇就说：**绝圣弃智，民利百倍**。老子是在反对圣人、反对智慧吗？当然不是。那他反对什么呢？就是做人好好做就是了，把自己搞得像圣人一样，是想骗谁呢？一个人，当别人赞美你的时候，你信以为真，然后自我膨胀，处处强调，处处提出强制性的主张。其实，别人根本不想听。现在的人真可笑，一开口就我强调什么、我们强调什么。要知道，你越强调，别人越不想听。各位摸摸自己的良心，看看自己是不是这个样子？

我相信到现在，中华民族的民族性还没有改，而且也不需要改。如果我们所有的圣人，都不自我标榜是圣人，那该有多好。如果每一个人有什么新的发现，不标榜是自己发现的，是自己的智慧产权，不排斥别人用，那该有多好。大家要知道，你有强烈的个人主张，你有强烈的利益要求，就妨碍了别人的自作自受，我想这是老子很重要的观念。老子主张每一个人都过自己的生活，反正都自作自受，你去管那么多干什么？

本来，人们应该活在纯朴的自然环境当中，要适合自己的本性而过一辈子。现在不是，而是搞城市化。农民就应该在农村，现在他们都来城市，然后农村都市都乱糟糟的，还振振有词，说外国都是这样！其实，我们对外国经常是不了解的。人家外国，有钱人很少住在都市里边，都市里边都是那些穷人，都是没有办法住郊外的人。这就是说，是我们自己搞错了。

"民利百倍"，意思是说你们这些人少来，你有本事是你的，我没有本事是我的，你过你的生活，我过我的生活，我们互不干扰。因为老天就是要让每一个人过不同的生活，为什么要过相同的生活呢？现在不是，我们从幼儿园开始，就教孩子过同样的生活，讲同样的话。有些孩子进入小学以后，所讲的话跟大人一模一样。这本来是很糟糕的一件事，但是我们却觉得这个小孩子了不得。这有什么了不得的呢？一点都不自然。小孩本来就应该讲小孩的话，大人才讲大人的话，这才合乎自然。

绝仁弃义，民复孝慈。民为什么没有孝？为什么不慈？就是因为仁义讲得太多了，而且全都是虚伪的。只要给老百姓虚讲一套，老百姓就会受到感染。所以不要再谈仁义，他们自然就会回复真正的、发自内心的孝跟慈。那才是实际的，否则都是形式的。

比如，早上起来一定要小孩说爸爸好，那是虐待小孩。小孩可能要出去有事情，急得要死，却不能没有礼貌，不得不跑过来跟爸爸问一声好，再出去，小孩有什么感想？小孩要说爸爸好，就说爸爸好，不说爸爸好就不说。现在不是这样，而是谢谢爸爸，谢谢妈妈，真是大笑话。

讲到这里，忍不住要再多说两句。我们讲谢谢，就是说我谢过了，没有人情了，那才叫谢。人家给你倒杯茶，你说谢谢，就是你不欠他的；你给我个糖果，我说谢谢，就是我不欠你的了。大恩不言谢，父母的恩情是不能谢的。一谢就没了，谢跟花的凋谢一样，谢了，就没了。外国人讲究这种礼貌，那是形式化的，彼此没有感情。中国为什么要走那条路呢？

绝巧弃利，盗贼无有。会当小偷会当强盗的人，难道不聪明吗？难道他没有知识吗？我们家里的锁打不开了，他一来两下就给弄开了。我们的汽车开不走了，他不到两分钟就能开走了。他要是搞偷盗，我们怎么都挡不住。这时还跟他讲巧妙，利益，根本就没有必要。

巧妙跟利益，并没有什么不好。只是把巧妙放在利益上面，就不对了。人用巧妙来做好事，这很自然，本来就应该这样；而把巧妙、秘诀拿来做坏事，来谋求私人的利益，那还有良心吗？

此三者以为文，不足。此三者，是指圣智、仁义、巧利。"以为文，不足"，如果拿来当作装饰品、当作形式，是不够的，是很肤浅、很幼稚的，所以没有用。

故令有所属。这三者如果要保留的话，就要加上一个基础。因为把这三者提高一些层次，下面给它一个基础，上面就变成好东西了。老子所提出来的其实也不多，就是四个基础而已。

老子不仅帮我们指出了"道"的三个缺点，与此同时也帮我们找出了四个补救的方法。那么，这四个补救的方法，又是什么呢？

老子说：**见素抱朴，少私寡欲**。"见素"，就是显象人本来的，即与生俱来的那种很纯净的本质。看到有人快要摔到水沟里面去，根本不需要去问他是谁，马上把他拉上来就对了。而

曾仕强详解道德经：道经

现在，我们中国人也见死不救了，这就是总讲法治导致的后果。因为不救还好，一救就跟法牵扯到一起了。比如，我今天早上出门，看到有一个人躺在水沟里，就到派出所去报警。警察第一个就得怀疑我：来，写笔录。什么时候看到的？在哪里看到的？除了你还有谁看到？警察就像把我当成杀人犯一样，那下一次我还敢去报警吗？干脆装作压根没有看见。然后就有人开始骂人性败坏，道德缺失。其实，中国现在变成这样子，我们每个人都有责任，实在值得好好反省。

人类本来是很纯很白的质地，没有沾染任何杂质，现在却拼命去染：这样你会犯法，那样你会犯法，弄得我们什么事情都要想到，最好不要跟法律扯在一起，保住自己最要紧。这样的话，有人摔倒，谁敢去扶？一扶说不定就要挨告：是他把我推倒的！然后再大费周章，把监控录像调出来，偏偏平常时监控录像都很全，就是那一分钟找不到了，天下事就是这样奇怪。

法律让我们对仁义完全没有信心，弄得谁也不敢行仁义了。你行驶在高速公路上，看到有人躺在路边，身上流血，旁边有人喊帮忙救命。请问：你敢不敢把车子停下来去帮他？以前的人敢，马上会去救，现在恐怕谁也不敢了。为什么？因为你停下车过去帮忙，发现原来这是个骗局，两个人合伙打劫你，然后把你的车子开跑了。经过这一次为仁为义的事情后，你可能从此对仁义失去信心，甚至从此痛恨仁义。

"抱朴"，"朴"，我们已经讲过，就是没有经过任何雕琢的原物，就是自然的本性，不做作，不虚伪。现在也变了，鞠躬都要鞠90度。鞠90度那是日本人，中国人谁跟你鞠躬90度？而且让人一肚子火，干吗非要90度不可呢？其实，礼仪是不能训练的。现在很多人都在培养礼仪，最后只剩下形式，心里头一点儿没有感觉。这就是虚伪、做作、形式化。

"少私"，人不可能没有私心，但是要尽量减少我们的私心。"寡欲"，是尽量降低我们除了生存所需要的欲念以外的东西。欲念是乱性的，私心是扰心的。比如，我们一想到自己，我们的心神就不定了。我们一有欲念，本来本性是很好的，也开始变坏了。所以，现代人只要做到三句话，就把老子这一章真的做出来了，那就是人人凭良心，时时立公心，自己先力行。

老子的意思是什么呢？如果已有圣人之治的事实，那是非常好的事情，但是要放弃圣人的名号。"名可名非常名"，那是会害死人的。不要让人家崇拜，不要让人家歌功颂德，不要让人家捧得像神仙一样，否则就会变成样板，就会失去动态。一旦失去了动态，一段时间后就不灵光了。

老子跟孔子是一模一样的，都很崇尚尧、舜、禹、汤、文、武、周公。这两位圣人都很崇尚古圣先贤，不同的地方在哪里呢？就是孔子一说话就是尧舜禹汤，《道德经》从头到尾没有提过尧舜禹汤，老子认为不能提他们。为什么不能提他们呢？这个道理非常简单，就算尧舜禹汤现在活在这个世界上，他也无能为力。依照以前那一套还是行不通，意思是他们不能成为样板，这样就对了。

老子跟孔子不同的地方，就在于一个提圣贤一个不提圣贤。孔子是好意：我提了大家才有一个模范可以学习，大家要向他们看齐。老子也是好意：大家只知道有圣贤之志就好了，圣贤之志就是无为之志，就是功成不居，至于是谁，那每一个时代都不一样。

所以老子曾经跟孔子讲过这样的话：你所讲的人都死掉了，你所讲的事情都是以前的事情，还提这些干什么呢？以前的人死掉了，以前的事情过去了，用一句不好听的话来讲，就是鬼故事。如果这样读历史，倒不如去看鬼故事。

老子告诉我们，要读历史，一定要立志，要不然怎么能知道道纪呢？历史的痕迹是非常重要的，但是要读出仁民、利民后面深刻的道理，那不叫历史，而是叫历史意识。所以，中华民族跟其他民族不一样，就是我们非常重视历史意识，而对历史真的没有多大兴趣。这样我们就很容易明白，孔子是重视历史的，老子则是更深一层告诉我们，要重视历史意识。

讲到这里，大家慢慢会感觉到，我们受老子的影响，实在比受孔子的影响还深。不过，要先学儒家的基础，然后下学上达，再来学《道德经》，才不会吊在半空中。当然，不要因为这样，就认为可以不学儒家，直接来学老子。老子是要比较高一层的人才学得出来，对于中层、基层的人，首先要先把儒家学好。

讲到这里，老子生怕我们误会他，以为他看不起圣人，看不起智慧，不需要仁义，不需要巧利。其实，他都没有反对，完全没有反对，他只说我们要少私寡欲，减少自己的私心，降低自己的欲念，把自己很朴素的本性显现出来，那就去圣智，去仁义，去巧利吧。因为那些纯真的东西，如果加上这些，就会流于形式、表面、虚伪，都是存心骗人的。

因此，老子及时地告诉我们圣跟凡的分别，在于为道的功夫。下一章，我们来具体分析一下。

曾仕强详解道德经·道经·第八集

《道德经》第二十章提到，修道之人要内心淡泊，做到"如婴儿之未孩"。但是，在物欲横流的现代社会中，我们如何才能不受到诱惑？人们都主张惩恶扬善，但是《道德经》却说："唯之与阿，相去几何？善之与恶，相去若何？"为什么老子认为善与恶之间没有分别？而"唯之与阿"又是什么意思呢？

《道德经》第二十章，圣凡之分，在于行道的功夫。其实在老子的心目当中，圣凡是一同的，叫作圣凡同。这个同，是老子很有研究的一个课题。圣凡怎么会同呢？其实很简单，当你见山是山的时候，你不知道是圣还是凡，可是当你见山不是山之后，又能够回复当初的见山是山，你就是圣了。所以同样是见山是山，见水是水，就看你有没有经历"见山不是山，见水不是水"的那种历程。就算经历了，如不能返回见山是山，见水是水，那你就是假的圣人，不是真的圣人，差别就在这么一小段变化而已。第二十章，老子用很清楚的现象，告诉我们圣跟凡应该怎样表现。

老子说：**绝学无忧**。他把绝学无忧，作为这一章的开始。世俗的人都认为，一个人有才能，有知识，就可以无忧无虑。可是我们看到很多很有才智的人，比没有才智的人还痛苦，因此老子要我们超越这些世俗的学问，才能做到真正的无忧。所谓绝学，并不是老子拒绝学习，不看重学问，不希望我们学东西。他的意思是，我们学了以后，既不要认为自己是饱学之士，更不可以高人一等。"绝学无忧"，其实是一个可以与无为而治互相交换的用词而已。

接下来，老子开始来为我们做具体说明。

唯之与阿，相去几何。"唯"，就是很恭敬地回答——诺诺诺。"阿"，就是很怠慢地回答——阿嗯阿。这有什么区别呢？可是一般人听到"阿"就很不舒服：阿什么，这么没有礼貌！老子的意思是说，一个很严肃很恭敬的回答，跟一个很怠慢很随便的回答，你觉得它们不同，就真的不同，其实它们都是在回答你，计较那么多干什么？所以老子问：相去几何？它们这当中的区别有多大呢？区别太小了。

善之与恶，相去若何。大家都喜欢的善，跟大家都讨厌的恶，又有什么区别呢？善跟恶又差多远呢？是我们故意把它扩大，才觉得它们真的差很远。实际上冷静一想，就会觉得也没有什么必要分得那么清楚吧？

人之所畏，不可不畏。大家都怕这个怕那个，你能不怕吗？如果你不怕，那连平常人都没有做到；如果你怕，甚至比大家更怕，那还算什么修道人呢？人之所畏惧的，我们修道的人，也不能不畏惧。所以，我们绝对不是说，随随便便回答就可以，恶就恶吧，要善干什么？不是这个意思。他是告诉我们，一个人恭敬，对方心里会比较舒服；怠慢，对方心里会比较不好受。那我们对人家就要尽可能恭敬一点，可是人家对我们怠慢的时候，不要去计较，老子的真正意思是这样的。看到别人行善，不必太鼓励，因为一鼓励他就可能变成假的；看到别人做出让我们讨厌的事情，也不要去苛责，因为一苛责他就可能变本加厉。

"人之所畏"，是畏什么呢？就是畏相对的观念。人有美跟恶的这种分别，就会苦恼；有好与坏的分别，就有苦恼；有危险跟平安的区别，就有畏惧；有时髦跟不时髦的分别，就有压力。但是现在的人，就是要拼命去找这些分别，如此，只能使自己疲惫不堪。修道人因为有畏，必须要弃掉世俗的学识，要超越相对的知，才能找到真正的知。这样，才能变成一个无忧无虑的修道人。

当然，这也要一步一步去走，不是一下子就能达到的。老子一再告诉我们，要顺着我们的本性去发展，既不能纵欲，也不能禁欲，因为那都不合人性。大家怕东怕西，我们不能说自己就是不怕。其实，一个人如果什么都不怕，所有人都会怕他。一个不怕死的人，是所有人都害怕的对象。所以你不能说你们怕，我不怕，而是你们怕我也怕，但是我怕的感觉跟你们怕的感觉不一样，不过表面看是一样的，甚至于我还不如大家。可是，我内心里是很清楚的：他们都困于那些无谓的、多余的、自讨苦吃的东西！

为什么有些人一定要吃鲍鱼，有些人一定要打高尔夫球？到底是什么道理呢？我相信一般人都不知道，老子是知道的。这些人心里有个恐惧：人生不如意十常八九，虽然我现在有钱，可随时会没有钱，所以趁现在有钱，就打高尔夫球给别人看；趁现在有钱，就上电视吹嘘，让大家知道。

可是，修道人不会这样。因此，一般人有这些区别，修道人尽量不要有这些区别。人家怕这个怕那个，我们也怕，但是我们的怕跟他们的怕不一样，我们会把它淡化，让其区别不是很明显。这样才叫作修道。老子怕我们还是不明白，继续用最具体的形象事例来做进一步说明。

《道德经》第二十章中说："荒兮，其未央哉。众人熙熙，如享太牢，如春登台，我独泊兮……"然而，身处"众人熙熙"的大环境当中，修道之人怎样才能做到"我独泊兮"？而"荒兮，其未央哉"又是什么意思呢？

荒兮，其未央哉。"荒"，是广、大的意思。"其未央哉"，"未央"，是没有尽的、无穷无尽的意思。一般人所畏惧

117

的实在太多了，怕的越多，本性越受到压抑，越不敢表现自己原来那种诚朴的样子。比如，你讲几句纯朴直白的话，人家就笑话你像没有读书一样，甚至还教育你讲话应该要艺术，声调要这样，手势要练习等等，现在都是这一套。

众人熙熙，如享太牢，如春登台。众人往来奔波，但是他们觉得很快乐，好像天天都在享受三牲礼。三牲礼，就是猪、羊、牛，这是祭祀的盛宴。现代人是不是这样呢？今天吃山珍海味，明天吃高档的餐饮，后天又吃稀奇古怪的东西……"如春登台"，天天都好像春天，在台上看美丽的景色。这就是我们今天所讲的声色娱乐，唱卡拉OK，打高尔夫球，旅游度假，一般人都喜欢过这样的日子。

我独泊兮，其未兆，如婴儿之未孩。我这个修道人，独泊兮。"泊"，是淡泊恬静的意思。我们今天很喜欢讲淡定，但是好像这些讲淡定的人，自己也不淡定。这就是形式化，实质的东西是学不来的。真正发自内心的淡泊是这样的：我没有这些欲念，你要玩，我不禁止，但是我也不羡慕；你吃鱼翅、鲍鱼、燕窝，天天吃得很好，我也不会说你们怎么样，讲一大堆不应该；当然我也不会说你们太好了，我自己没有这个福气。一个人若能做到这样，修道就比较有成果了。

"其未兆"，我连一点兆头都没有。行道的人，修道的人，没有这些恐惧。吃多了会胆固醇高，他没有这个想法；不吃会怎么样，他也没有这个想法。大家很热衷的东西，对他来讲都很淡泊。

淡泊到像什么呢？"如婴儿之未孩"。好像刚刚出生的小孩，还没有成长为孩童，那么天真无邪，但你本身已是成年人了。所以老子一直都在说，什么时候能够回复到婴儿时的状态，我们的修道就真的有成就了。

老子认为，修道之人的最佳状态，就应该像刚刚出生的婴儿那样。"婴儿"一词，在《道德经》中反复出现过三次，修道与婴儿有什么关系？这里的婴儿，代表着什么意思呢？

婴儿，是老子常常用的一个形容词，他在告诉我们要柔弱无欲。婴儿很柔弱，可是就算他滚来滚去，也不会受伤。比婴儿大的小孩就不一样，小孩一动就很容易受伤。婴儿，不会讲话，只是饿了想吃的时候才会哭。所以我们照顾婴儿的时候，不要他一动你就抱他，那是大人不对。听到小婴儿在哭，要过去看看是不是尿布湿了，是不是该吃奶了，是不是有什么地方令他不舒服？你把他调整调整，他高兴了，就不要管他了。如果动不动就抱，抱到最后，他就知道了：原来一哭就有人会抱我，那他就天天哭，一天到晚二十四小时哭。然后你就不得不几个人轮流抱他，还气得一直骂，纯属自讨苦吃。

我再强调一遍，老子的意思是说，这些东西好坏跟我们无关。因为各人过各人的生活，你走你的道，我走我的道。道是很大的，为什么大家一定要走那个很偏窄的独木桥呢？挤成一团，完全没有必要。我们彼此尊重，各人过各人的生活，我既不厌恶你，也不羡慕你，我不骂你，你也不要骂我。反正四个字就讲完了，一切都是自作自受。

傫傫兮，若无所归。婴儿没有欲念，没有自我，没有目标，所以他是漫不经心、懒懒散散的，这其实是自由自在。但是，一个人如果一辈子漫不经心、懒懒散散，还像人吗？这就是老子特别告诉我们的：你要长大，要学习，要做事，但是时时刻刻都要

曾仕强详解道德经：道经

记住，"婴儿"的状态才是你的本性。

虽然老子说修道之人，最好如同婴儿般淡泊名利，无欲无求，但是，当今社会物欲横流，物质享受已经和我们的日常生活密不可分。那么，在这种情况下，老子通过《道德经》向身处物质社会的我们，又传达了哪些修道之法呢？

第二十章，老子继续说：**众人皆有余，而我独若遗**。什么意思呢？别人什么都有，但有很多东西是多余的。衣柜一打开来，一百套西装，一次也不过穿一套而已。那你是比较幸福，还是比较痛苦呢？当然是比较痛苦了。因为挑来挑去，花了半个小时，还不知道穿哪一套好。而别人只有一套，一下子穿上就出去了。

"众人皆有余"，大家都追求着很多，但根本就是多余的东西。"而我独若遗"，而我都不追求，好像我把东西都丢掉了。我本来只有那么多，其他的，人家有的我都没有。人生一定要有些遗憾，有所缺失，不要求全，求全就是皆有余的众人。有一个房间，觉得不够，还要有书房；有了书房，觉得不够，还要有练书法的地方。要这个还要那个，最后才发现很糟糕，都是多余的东西。

现在的建筑师，其实是没有办法让我们五代同堂的。我不好意思说他们存心要这样，但最起码也是没有五代同堂这样的观念造成的。本来中国人一家人住在一起，和和乐乐，现在不行，彻底分开了。外国人有套房，我们也要套房；外国人有主卧室，我们也要主卧室。那么我请问：主卧室是你自己住，还是给你父母住？我就问你这一点就好了。你给父母住，就会觉得自己好像一辈子长不大似的，连个主卧房都没有。你给自己住，那就摆明了不孝。所以，很多建筑师，没有去想这些问题，很盲目地建筑。外国人则不然，他们都是小家庭，一个主卧室就够了。中国人最起码三代同堂，你怎么去摆平这件事情呢？

我好像不如人家，其实我本来有的就已经够用了。我甚至于连本来有的都要丢掉，因为为道是日损的。损之又损，损到几乎什么都不要，还过得很安然，那才是真正的自由自在。

比如修道人，把头发一扎，随时可以放，就一套衣服，从头到脚一穿就可以了，要打架腰带一绑，随时可打。现在的人，运动有运动的服装，见客有见客的服装，晚上要参加舞会，赶快又换一套。口口声声节省能源，一天换好几套衣服，还好意思讲节省资源！张口闭口绿色生活，不是骗人的吗？我们现在随时可以看到这些问题。

我愚人之心也哉，沌沌兮。"沌沌兮"，就是混混沌沌的。"我愚人之心也哉"，我们要特别注意老子所讲的是"愚人之心"，而不是"愚人之行"。如果修道人的行为，跟那个笨笨的人一样，跟那个愚夫一样，还算什么修道之人！愚人之心就是说，我所表现的不是真的愚蠢，而是有了真知以后，知道不争，知道无为，这才是自然的表现。

现在大家都在争，你却说不争，这不会吃亏吗？其实大家只要听懂下面这一点，自己就有感觉了。你非争不可，就表示你的福气很薄。就好像一个人已经三天没有吃饭了，如果这一碗饭再抢不到，就饿死了，那么这种人也太凄惨了。我不去争，也没有损失，就表示我的福分很足。这衣服你们看着好就拿去，我不需要，就表示我衣服很多。就算只有一套，我也觉得够用了。衣服等穿破了再买也来得及，着急一下子买那么多干什么？不流行了，被虫咬破了，皱得一塌糊涂，不是给自己增加麻烦吗？所

曾仕强详解道德经：道经

以，我是有了真知，了解了道以后，才表现得好像笨笨的，而不是真笨，这样就叫作愚人之心也哉。

俗人昭昭，我独昏昏。"昭昭"跟"昏昏"是相对的。一般的人很聪明，我好像很糊涂。一般人的聪明是自己骗自己，哪里是真聪明。我糊涂是因为不想去惊动别人，而是保持修道人深不可识的面貌，不让别人感觉到自己了不起。

俗人察察，我独闷闷。"察察"跟"闷闷"，也是相对的。"察察"就是看得很清楚，其实看得很清楚的人，多半主见太深。"我独闷闷"，就是我所有的东西都深藏于内，而不显于外。因为我怕惊动别人，让别人感觉到他们怎么跟我的看法不一样。但我心里头很清楚，表面上随和，叫作装糊涂，不是真糊涂。中国人最讨厌真糊涂的人，却最喜欢装糊涂的人。因为你装糊涂，对任何人都没有压力。

> 中国人最讨厌真糊涂的人，却最喜欢装糊涂的人。因为你装糊涂，对任何人都没有压力。
>
> ——《道德经》的智慧

通过老子这样比来比去，我们应该知道什么叫作圣，什么叫作凡了。自命为圣人的人，只是装了个样子而已，因为他内心空虚，生怕人家看不起他，所以要装成那个样子。而真正很有涵养的人，他内心很实在，很充实，根本不在乎别人怎么看。衣服破了，破了就破了，能怎么样呢？衣服总是会破的。衣服款式不流行了，也根本不必在乎，人去追求这些干吗呢？一般人很难做到，这就是修道人了不起的地方。

《道德经》第二十章最后一句说："我独异于人，而贵食母。"淡泊物欲的老子，认为最珍贵的是"食母"。"食母"

122

是什么意思？在老子看来，什么才是修道之人最应当看重的？而"澹兮其若海，飂兮若无止"，又是什么意思呢？

澹兮其若海。"澹"，是沉静，又是波浪四起。这个沉静跟波浪四起，怎么会连在一起呢？因为海都是波浪四起的，可是海也是很平静的。只有海才能够经得起波浪四起，而同时却始终很平静。一般的小盆子，波浪四起水就扑腾出来了，它就翻掉了。

大家一定要知道，水平其实是不平的。这在《易经》里面讲得最清楚，平就是不平。不把不平当一回事，它才叫平，如果非要找平不可，那一辈子都找不到了。

飂兮若无止。"止"，是超越了人的物质欲望。一个很高的山峰，任何树、任何房子都挡不住，因为山峰比它们都高。这告诉我们，人的精神是自由自在的，好像高空中的山峰，什么都挡不住。这里是说，任何的物欲，都挡不住我的自由自在。大家读老子的书，要用自己的想象力去想象这些事情。今天高楼大厦很多，风一来都被挡住了。所以，我们老觉得越来越闷，空气越来越不流通，这就是众人皆有余所造成的。你高，我比你更高；你大，我比你更大，最后导致一点回旋的空间都没有，每一个人的压迫感都很强烈。

众人皆有以，而我独顽且鄙。"有以"，就是有用。一般人都认为自己非常有用，很有作为，很争气，表现得比谁都好。我这个修道人呢？顽冥不灵，好像没有受过教育一样。

我独异于人，而贵食母。我就是跟别人不一样。为什么不一样呢？因为"而贵食母"，我所重视的是食母。"食母"，指的是生养我的父母。中国人讲父，一定有母，讲母一定有父，我们是分不开的，不像西方那样分得很清楚。"而贵食母"，就是我很重视道，我以道为贵，至于你们追逐物欲，对我来讲没有什么了不起的。

对于修道人而言，有钱没钱都是道。关于这一段的意思，后面还会在《道德经》里读到更清楚的内容。我们不是没有感觉，而是我们的感觉，真的如同现在一般人挂在嘴巴上的很淡定。淡定是不容易的，不是嘴巴讲讲就能做到。因此老子接下来就告诉我们，有一个方法叫作道的生机妙有，我们要好好探讨一下。

曾仕强详解道德经·道经·第九集

老子主张：修道先要修德。中国人评价一个人，最重要的标准就是"道德"如何。那么，被联系在一起的"道德"二字究竟有什么关联，又存在哪些区别？现代人该如何修道、修德？而《道德经》第二十一章中所说的"孔德之容，惟道是从"，又是什么意思呢？

《道德经》第二十一章，讲道的生机妙有。老子说：**孔德之容，惟道是从。道之为物，惟恍惟惚。惚兮恍兮，其中有象；恍兮惚兮，其中有物。窈兮冥兮，其中有精；其精甚真，其中有信。**

这段告诉我们，道到底是什么样子。老子在第一章就说：道是不可道的，可是不可道，还是要道。这样我们才知道，中国人，你问他什么事情，他都先说我不知道，这就是学老子。老子先说这个是不可道的，然后下面都是很勉强来讲的，大家听听就好了。要自己用心去悟，不要把他的话当作是宝典，一个字都不能改，那就糟糕了。我们很多人就是如此，这个经一个字都不能改，那它就没有用了。

"孔德"，就是大德的意思，也就是老子所讲的玄德。玄德，就是以空为德。这样各位才知道，你对一个中国人说多亏你帮忙，他肯定说没有没有；你说上次多亏你救我，他肯定说哪里哪里。他就是不承认，他是不会承认的。如果一个人说，没有我你哪有今天？没有我你老早没命了，这种话都是废话。因为别人听了只有反感，绝对没有好感。

德是变化的，它是道的作用，所以一般人只能看到德的部分，看不到道的部分。仔细品读道德二字，我们只能看到德，它是个态度，是个行为，是个言词，是个表现，但是道我们始终看不见。因此，大德我们只能用形容的方式来让大家有所了解，而不是真的就是这样。

下面这句话可以告诉我们什么叫道德，它的内容是什么。就

曾仕强详解道德经：道经

四个字：惟道是从。完全跟着道去走，而不要想东想西。"惟道是从"，后来变成大家遵从老子的一个强烈的主张，这也不是好事情，因为它一旦变成宗教就糟糕了。如果不"惟道是从"，那都是坏蛋，没有这回事。道太大了，坏蛋也在道上，如果坏蛋不在道上的话，那道就太小了。

　　小德不可能"惟道是从"。其实这一点孔子也有说法，孔子说大的事情不要违规，小的事情无所谓。所以很多人就说，中国人就是很坏。这有什么坏的？照理说，在大都市车子那么多，人那么多，每一个人都要守规矩，红绿灯一定要遵守。但在乡下还管什么红绿灯，看来看去一个人都没有，还在那里站着干什么？人多车多，再急也应该按照红绿灯来，不要觉得闯一次没有问题，往往你认为没有问题的才出大问题，这就叫道。有车有人按照红绿灯行走，没车没人就不一定非得这样，这才叫弹性。现在不是这样，讲得好像什么都是一样的。那就僵化了。

　　道家讲究修道，然而"道"并不可见。但是《道德经》第二十一章中却说："道之为物，惟恍惟惚。"既然"道"不可见，又为何要称它为"物"？"惟恍惟惚"又是什么意思呢？

　　"道之为物"，道本来不是物，道所表现出来的样子，"惟恍惟惚"，好像有，又好像没有，好像没有，又好像有。仿佛有，仿佛无，就叫恍惚。

　　"惚兮恍兮"，就是来回摇摆不定。大家有没有发现？中国人经常摇摆不定，所有人都在骂。如果每个人都坚定目标，朝向固定的方向，那人跟机器一样了，还算是人吗？如果连个象都没有，又怎么惟道是从？因此，老子就告诉我们，它摇摆不定，恍恍惚惚，"其中有象"。可是一般人看不懂。什么象？形象，现象，天垂象的象，它都是实在存在的，只是它不清楚，视而不见，所以不能用看，而是要用观。观非常重要，它是用心去看，而不是用眼睛去看，用眼睛去看是看不到的。

"恍兮惚兮"，它有痕迹，有本质，所以能发现"其中有物"。这个物，就是万物的本体，万物的根源，而不是具体的东西，这就叫道。我们要找到这个，才能够谈惟道是从。

"窈兮冥兮"，"窈兮"，是微不可见，用显微镜也看不清楚；"冥兮"，是深不可测。海底太深了，人根本看不见，就是因为它微不可见、深不可测。所以，它才有生养万物的精气。可见，在这个微不可见、深不可测当中，"其中有精"。"精"，就是最小的原质。"其精甚真"，它很真实，那叫精气。人就是从男人的精子受孕以后产生的。"其中有信"，有可以信验的东西。意思是说，道跟万物有一个连接的枢纽，使人确信不疑，才能够惟道是从。

老子下面接着说：**自今及古，其名不去，以阅众甫**。这里，老子没用自古及今，而用自今及古。这是什么原因呢？因为老子讲的是本体，本体是从现象推上去的，所以一定要从现在推到古代，一定要问"吾不知谁之子"。从儿子去追问父母，这是对的。你说这是谁的父母？那就不对了，方向错了。所以，老子用自今及古，从现在推到原始的时候，"其名不去"。道的作用，随着道的名号永远留在世上，没有人会否认，只是说不清楚而已。"以阅众甫"，"阅"，是阅历，是道在看；"甫"，是父的意思；"众甫"，就是所有万物的根源。所有万物的父亲，万物的根源，都被道看到了，道把自己拉入万物一起发展，所以它永远看得到，它的阅历是非常充分的。

曾仕强详解道德经：道经

吾何以知众甫之状哉，以此。 我们又如何知道这个孔德之容，这个众甫的形状呢？就是从道的作用里面去了解。这一章主要告诉我们，道是无形无迹的，它一定要作用在物上面，才能够显现它的功能。

如果我们没有身体，就没有行为和态度，人家就搞不清楚我们是怎么回事。道也是一样，它一定要透过万物，由万物表现出来。所以，一开始老子就告诉我们，要从这个人表现的实际状况，来了解他心里头想的是什么，他走的"道"是什么。

道透过万物，表现出具体的行为，表现出具体的形状、形象，那就叫德。一切事物其中的属性，就是它的德。这样大家才知道，中国人老骂人家说，你这算什么德行？你这是什么德行？就是从这里来的。我们所表现的，是这些现象背后的道。看一个人背后的道，就可以知道，谁跟自己同道，谁跟自己不同道。但这话可以是真的，也可以是假的。因为人的行为可以是伪装的，也可以是真实的，千万不要上当。

> 看一个人背后的道，就可以知道，谁跟自己同道，谁跟自己不同道。
>
> ——《道德经》的智慧

老子费了这么多苦心，就是在告诉我们，恍恍惚惚当中那个象，要仔细去看，不然是看不懂的。比如我们的历史，从五千多年前到现在，一定有它的道在里面。中华文化源远流长，而且延绵不断，这是全世界都找不到的，就是因为我们这个道非常清楚。

从伏羲一画开天开始，那个道就在我们的血液里面，已经变成牢不可破的基因。所以，别看我们现在学西方，但是迟早要返璞归真，迟早会走回去。

最近，我们大家都有这么一个感觉，中国人要走自己的路，要做自己的梦，要有自己的道。而且，大家还慢慢了解到，只有

130

我们的道可以救世界，只有我们的道可以救人类，并成为二十一世纪最重要的一种道。这个道其实外国人也在享受，只是他们不清楚而已，因为他们没有老子。

老子告诉我们，要重视心法。为什么中国人老讲心法呢？"灵魂"这两个字，西方人用得多，我们不太用。中国人讲心，不太讲灵魂。所以，老子告诉我们，要修道，就要重视心法。什么心法呢？就四个字：抱一守中。那个"一"很难得，"一"就是很纯真，一尘不染，很朴实。"守中"不是儒家所讲的走中道，而是守虚冲。不断保持虚，才不断有冲的功能。所以同样一个中，道家的解释，跟儒家的解释不太一样，一定要把它分清楚，否则就搞错了。

老子说修道之人要重视心法，那么，怎样才能做到"抱一守中"？而《道德经》第二十二章中所说的"曲则全，枉则直，洼则盈，弊则新，少则得，多则惑"，又给修道之人，指出了哪些方法呢？

《道德经》第二十二章，讲抱一守中心法。老子告诉我们：**曲则全，枉则直，洼则盈，弊则新，少则得，多则惑。**

"曲则全"，"曲"，就是曲线；"全"，就是处事很周到，很周全。一个人能够拐来拐去，才有办法面面顾到。如果走直路，就可能会引起正面的冲突，就照顾不了全局。所以，老子首先告诉我们，委屈才能求全。这句话我们流传很久了，一个人不能受委屈，就不可能求全。硬碰硬，走直路，把人都得罪光了，还怎么全呢？

"枉则直"，"枉"，就是不直。受冤枉，才有清白的一

曾仕强详解道德经：道经

天。很多人认为自己受了冤枉，很凄惨，其实有什么凄惨的？不受冤枉，永远没有清白的一天；受了冤枉，很快就得到清白。人会绕弯，才能伸直。比如说，一个人要把自己的身体挺直，一定要先弯一下，才能挺得很直，否则就没有弹性。其实，一个人如果知道受冤枉对自己反而是最幸运的，那么人生会改变很多。

我年轻的时候，总觉得受冤枉很委屈，就没有想到委屈才能求全。可是慢慢我感觉到，如果我受冤枉，我不表白，人家有一天发现我受到冤枉了，他对我的态度整个都改变了，那我不是反而得到更多好处吗？所以，当领导冤枉你的时候，你最好不表白，也不申诉。现在很多人喜欢申诉，申诉是西方人的方法。我不表白，因为好不容易让他冤枉一次，别人都没有这样的机会。后来他发现我没有错，是他看错了，就对我特别好。我的收获不是比谁都多吗？

"洼则盈"，有低洼，有空间，才能够装东西，才有一天会盈满。但是最好不要盈满，不盈满就永远有功能，永远可以装新的东西。

"弊则新"，这句话非常重要。弊是旧的意思，旧的才会有新的。但是今天，大家因为受西方求新求变、创新思想等一大套东西影响，真的需要特别小心。旧的不去新的不来，这是我们都知道的。我们中国人讲新，一定要跟旧的连在一起。否则的话，你会觉得新的就是好的，新的就是我要的，进而喜新厌旧，这样就越会忘本，离道也越远。

为什么现在离婚率越来越高？就是一方或双方觉得新的好，处不好换个新的，有钱了更要换个新的，升官了换个新的，真是非常糟糕。"弊则新"，新的跟旧的一定要连在一起，继旧才能开新。把旧的搞懂了，才能够温故而知新，否则新的就成了非常危险的东西。

"少则得"，我没有什么欲望，很容易满足，因为我要的少，当然人家就会给我。"多则惑"，你要多了，别人就感觉很疑惑：你要那么多干什么？反而不给你，你就达不到目的。多少是人的一种感觉，不在于真的有多少。一个人很容易满足，是最快乐的。其实，大家如果跟外国人交往，就会发现，外国人真的比较容易满足。中国人是天底下最不容易满足的人，我们真的要好好了解一下自己。

老天给我们一个贪得无厌、很难满足的"性"，就是让我们去修的，假如人天生就没有什么欲望，就没有什么好修的了。所以我跑了很多地方以后，发现作为中国人，最好要了解，我们有修的最好的机会，有修的最好的素材。

外国人去度假，花了几百块美金，自己就住在旅馆里面，叫东西到房间吃，在房间里面看书。我们觉得这种人真是蠢到极点，这样还干什么去呢？中国人一出去旅游，甚至都不想睡觉，觉得睡觉太浪费时间，到处游走，累得要命。我们真的要好好去考虑考虑这些事情。

外国人，穿得很简单，在海边找到一块沙滩，挖个洞，跳进去，再用沙子把身子埋起来，这件事情他可以玩半天。中国人一看到就觉得很奇怪：你来海边干什么？这不是虐待自己？花了那么多钱，却跑来干这种事！可是外国人觉得很愉快，因为他们很容易满足。所以，民族性不同，各人就要走各人的路。千万不要盲目地去学习，尤其是在还没有看明白的时候。

夏威夷的海滩，本来种了很多椰子树，后来却全被砍光了。

> 新的跟旧的一定要连在一起，继旧才能开新。
>
> ——《道德经》的智慧

曾仕强详解道德经：道经

被谁砍光的？就是中国人。老外到海滩去是为了晒太阳，我们是喜欢到海滩去，却又不敢晒太阳，于是就躲在椰子树下乘凉。有一天，一个椰子掉下来，砸到中国人的头上。中国人本来自认倒霉就算了，可是老外却说："你可以告政府，政府应该赔你。"我们中国人说："告什么，这有什么可告的？"老外却说："告啊！告输了，钱都由我出；告赢了，我们一人分一半。"中国人说："这样可以。"于是就告了，结果夏威夷政府败诉。政府一气之下，就把椰子树全部砍光了。大家好好想想这些事件，就会越来越佩服老子的先见之明。

是以圣人抱一为天下式。这是什么意思呢？简单一句话讲完了：以无欲为德。一个人最高的德行就是无欲。你们要抢，就去抢；要争，就去争。我不用争，因为我心里头什么都有，不一定拿到手，不一定是我所有才叫有。看到了我就很满足，我就有了。中国人的满足，跟西方的满足不太一样。我们多半是精神方面的满足，而不求物质方面的满足。西方人精神方面没有什么寄托，他们很单纯的就是信仰上帝，所以在物质方面，反而很容易满足。这个大家要从我们比较深的民族性，也就是它的根源去了解，否则的话就真的无从比较。

圣人抱定了一个心意：我清心寡欲，不老想自己，以天下为己任，跟天下万物合而为一。如此，就可以通晓所有的事理，明了天下万物共同的准则。大家回忆一下，在第十章的时候，老子讲过：营魄抱一，能无离乎。凡事凭良心，身体听从良心的指使，人就能自由自在，自得其乐了。

一个人最高的德行就是无欲。

——《道德经》的智慧

老子在《道德经》第二十二章中，除了给我们提出了六个实现"抱一守中"的方法之外，紧接着又告诉我们："不自见，故明；不自是，故彰；不自伐，故有功；不自矜，故长。"这其中又包含了哪些深意呢？

不自见，故明。"自见"，就是自以为高明。我个人的意见比别人都高明，我比你们有见识，我必须坚持自己的意见，这肯定没有错，否则我不会讲。实际上，这个人是戴了有色眼镜。其实大部分人，都是戴着有色眼镜，因为人都是相当主观的，很不容易客观。如果有人告诉我们说：我这个人一点不主观，完全是客观的。我们心里一定会觉得很好笑，这个人都主观到认为自己很客观了！

我们应该明白，眼睛所看的很有限，而且眼睛经常在欺骗我们，它所看到的也不一定是真实的。因此，我们要"不自见"，而不是认为自己已经看得很清楚了，这样才可能会看得清楚。一旦认为自己没有错，是亲眼看到的，千真万确，结果可能大部分都是错的，这是不明真相而自己骗自己。

不自是，故彰。"自是"，就是自以为是。大家有没有发现，我们最喜欢做的，就是把道理拉到自己这边，而舍不得跑到道理那边。"惟道是从"是自己应该跑到道那边，而不是把道理拉到我们这边来。但是大部分人就是自以为是：我说的就是对的，别人说的都是错的，这种人是不明白道理的。人要不自是，道理才会明白，才会昭明，才会显著，所以叫"故彰"。

不自伐，故有功。"伐"，就是称赞自己，说难听点，就是过度自我膨胀。一个人说自己是专家，自己对这个最有研究，你们来问我是没错的，这样一点功都没有。"不自伐"，不自己夸张，不自己认为有能力，不自己过度膨胀，这样才能够把功做出来。

不自矜，故长。"矜"，就是很自负。一个表现得很有信心的人，就是一个心里很空虚的人。一个表现得很自信的人，就是一个心里很慌张的人。我今天表现得很自信，这些话不要去信，那不是真的。一个人很怜惜自己，就是很自负。因为别人都可以吃苦，就是他不能。别人都可以被人家可怜，就是他不可以。这种人叫孤芳自赏、一意孤行。我们要不自怜、不自哀，不孤芳自赏，不一意孤行，这样才会持续成长。"长"，就是生长发展的意思。

当今社会竞争激烈，这种"争"在给我们带来利益的同时，也带来很多烦恼。老子在《道德经》第二十二章，就给修道之人指出了一条避开争端的道路。那么，在现代社会中，我们究竟怎样才能避免与人相争呢？

老子做结论说：**夫唯不争，故天下莫能与之争**。你不争，谁能跟你争呢？根本无从争起。比如，我们看到苹果，马上伸手去拿，结果所有人都伸手去争。如果我们不争着拿，大家反而会想是不是要等一等再拿，反而不急着要争。

自见，自是，自伐，自矜，这些都以自我为中心。如果能够去除这些，我们就会不争。所有的你争我夺，都是因为有人先争所造成的。天下如果找不到争的对象，大家还争什么呢？

这个道理，在象棋里面表现得最彻底。外国人看我们下象棋，总觉得我们中国人口口声声讲礼仪之邦，根本就是骗人的。两个人都不要红的，都去争黑的。明明黑的比较难看，红的比较漂亮，为什么不争红的呢？不会下象棋的人，问他为什么争黑的，他也莫名其妙。当然，真会下象棋的，知道其中的道理：我不是争黑的，而是把红的让给对方，因为我要表示自己谦虚。如果一个人大大方方的，把红的拿到自己的棋盘上，所有人都要笑话他：你外行到极点了。但是现在很多人不在乎这些了，因为把道纪都忘光了。

古之所谓曲则全者，岂虚言哉。从这句话，我们可以感觉到，老子跟孔子一样，都是集大成的人，都不主张创新。因为创新太危险了。从今到古，那个根源都很清楚了，如果半路杀出个新的来，岂不是乱了？所以，老子说古人常常告诉我们"曲则全，枉则直，洼则盈，弊则新，少则得，多则惑"，岂虚言哉？难道是随便讲讲的吗？

中国人一直到现在才知道，多得不如少得，多得永远不如少得。如果领导告诉你：三年以后给你五十万，现在要的话只给你十万。你选哪一个？我相信中国人都会说：你现在给我十万好了。因为几年以后公司可能倒闭了，那样一毛钱也拿不到的。这是外国人很奇怪的事情：你们怎么这样，看到小的忘记大的？其实不是，我们懂得"少则得，多则惑"。

诚全而归之。老子的书里面，只有这里出现"诚"字，因为他很少用这些字。"诚"表示实实在在的。实实在在，同归于全的大德，就叫大德之容。

讲到这里，老子就开始讲他要讲的话，即因果，一切都是因果。因果是科学的，只不过被宗教拿去用了以后，才变成迷信，这点我们一定要搞清楚。接着下一章，老子会告诉我们自然的因果，以及因果到底是什么。

曾仕强详解道德经·道经·第十集

《道德经》第二十三章，讲了自然的因果关系。而一连三个"乐得之"，体现出了老子的最高境界。第二十四章讲述了修道的四个要领，这四个要领是什么，该如何理解？《道德经》流传了两千多年，各种版本有所不同。其中第二十五章中的"故道大，天大，地大，王也大"，有的版本却是"故道大，天大，地大，人也大"，究竟是"王也大"还是"人也大"，这两个版本有本质的区别吗？

　　《道德经》第二十三章，老子告诉我们因果是自然的，所以叫作自然的因果。老子说：**希言自然**。"希"，是很少，稀少的意思。自然的话叫作言自然，叫作天语。天语是一般人听不懂的，所以叫作"希言自然"。天语是自然发生的，一般人不容易听得懂，也不一定听得到，只能够用心去关照。其实这是观天象的意思，就是让我们去观天象。

　　故飘风不终朝，骤雨不终日。"飘风"，就是暴风；"骤雨"，就是急暴雨。飘风是不会长久的，"不终朝"表示很短暂的时间。骤雨，也是一阵子就过去了，不会从天明到天黑。这就是随起随灭，佛家叫缘聚缘散，缘起缘灭，起起伏伏。其实人生也是一样，没有一成不变的。比如你去算命，算命先生说你运气好，难道会一直好吗？说你不好，也不见得永远不好。可见，好与不好是常常变化的。随起随灭，不能终日，无法长久。

　　孰为此者？天地。谁让这种飘风不终朝，谁让这种急暴雨不终日？天地。这就告诉我们，道的本体是不生不灭的，但是道的作用是有起有伏，有生有灭的。所以，我们一定要把道的作用跟道的本体分清楚。

　　天地尚不能久，而况于人乎。前面我们不是讲过天长地久吗？怎么现在又说天地间的现象，是不能长久的呢？其实，天地是持久的，天长地久也不是骗人的，这叫常态。可是飘风、骤雨，这叫异常。比如，我们现在都说气候异常，就表示已经不是常态了。为什么呢？因为人不合于道。很多人不相信这些话，实

曾仕强详解道德经：道经

际上天地不会失序，天地始终合于道，只有人会失序。这样就造成了天人感应，气候异常。人类采取非常的手段，争名夺利，想要过度延寿，甚至采取暴虐行为，再加上痴心妄想，好了还要更好，像这样的事情，都是人本身所造成的一种异常的现象。

故从事于道者，同于道；德者，同于德；失者，同于失。这是很显明的道理，就是因果。人如果想要像天地一样的持久，就一定要"惟道是从"，一定要合乎天道。只要"惟道是从"，就是从事于道者，这样才能与道同行，叫作同于道。道是无为的，人只有了解无为，才能无不为。老子是很积极的，他认为我们做人就要尽到做人的责任。而人的责任是改造天地，但是改造有两个不同的方向：一个是越改越好，一个是越改越糟。但是千万记住，这两个都是道。

德者，同于德。人按照道去走所表现出来的品行良好，让大家感觉到真了不起的时候，就是得道高人。我们中华民族最羡慕、最崇敬的，其实就是得道高人。"同于德"，就是要走到玄德的地步。玄德是不居功，不自夸，做了还说没有做，这不是骗人，而是谦虚。因此我们要记住，真正的德，其实只有两个字，就是不争；真正的道，也只有两个字，就是无为。讲到这里，很多人就开始退缩了：要我无为，要我不争，真比登天还难。这是很有意思的事情。

真正的德，其实只有两个字，就是不争；真正的道，也只有两个字，就是无为。

——《道德经》的智慧

失者，同于失。一个人失道、叛道，掌握不住正道，就算有心行道，也是不明道的人。那叫走火入魔。我们平常老讲走火入魔，却搞不懂什么叫走火入魔，其实就是一不小心走偏了，走歪了。为什么我们老是歪歪斜斜呢？就是因为信心不坚定。不是相信我们自己，相信自己有什么用？是相信道，因为道就是信仰。

接下来这三句话，是老子讲的最高境界。

老子最高境界的三句话是：同于道者，道亦乐得之；同于德者，德亦乐得之；同于失者，失亦乐得之。从字面上来看，无论是同道、同德，还是失道、失德，都可以"乐得之"。完全不同的状态，为什么结果都是"乐得之"？这三句话，又为什么成为老子的最高境界呢？

同于道者，道亦乐得之。这个"乐"字，真是用得太好了。同于德者，德亦乐得之。这还不觉得怎么样。第三句话更怪了：同于失者，失亦乐得之。失怎么会乐呢？这很有意思。这里老子是在讲失道不得，因为失也是道，失也是道的一部分，它也很高兴地欢迎我们。这其实很容易理解，当一个人修炼到得道高人的时候，就会发现有很多得道的高人，在那里欢迎他：我们是同道，已经等你好久了。当一个人走火入魔的时候，也会看到很多魔在那里等他：哎呀，我们都是魔，你是比较新的魔，我们欢迎你！他也是很乐。

所以，快乐其实也是蛮危险的。比如，天天在那儿赌博的人，也很快乐。天天吸毒的人，也很快乐。一天到晚要征服高山峻岭的人，也很快乐。所以大家不要以为，快乐只有一个标准。老子已经告诉我们，名可名非常名。关于快乐，十个人就有十个定义，完全是不一样的。

同于道者，道也乐得跟你同在。西方人常常讲，上帝与你同在。我们讲的是，道与你同在。东西方是不一样的。因果的动力，不是来自外在的上帝，而是来自大自然。现在有很多人，因为找不到道，心里就很失落，然后失也乐得之，这样就走到另外一个境界去了。我们也不必责怪他，还是那四个字：自作自受。自作自受就是心想事成，也就是"从事于道者，同于道；德者，同于德；失者，同于失"，这就是因果。所以我们有时候讲，梦想成真、心想事成、有因必有果，都是人自己搞出来的。可谓自作自受，那都是一样的道理。

信不足焉，有不信焉。万物本身发展所产生的动力，就是因果的依据。你二十年来的所作所为，造成你今天这个样子。从现在开始，再给你二十年的时间，看你是同于道，同于德，还是同于失，都是你自己做主。但是二十年以后的那个结果，你想推给别人是不可能的，谁都推不掉，只有自己承受。至于你信不信，那也是你自己的事。我们讲心诚则灵，就是指这一句话。"信不足焉，有不信焉"，信足焉，自然就灵验了。

对因果不信的人，就是对自己不信。人对自然不信，用通俗的话讲，就是对老天不敬。可以看出，因果是老子给我们的一个很重要的信息。而现在的科学，不也是在证明因果吗？热的一定胀，没有例外；冷的一定缩，也没有例外。水烧到100℃，就沸腾；火一熄，沸腾就停了。这不都是因果吗？东西放久了，就开始生虫，最后腐烂掉，这不是因果是什么？难道是人为的破坏吗？难道一定要天灾吗？不是的，它都是自生自灭。

老子说，有了因果的概念，那人差不多可以开始修道了。所以接下来，他告诉我们，修道有四个要领。

《道德经》第二十四章说："企者不立，跨者不行。自见者不明，自是者不彰，自伐者无功，自矜者不长。"明明是六句话，为什么说是四个要领？这四个要领又都是什么呢？

《道德经》第二十四章，讲修道四要。

老子说：**企者不立，跨者不行**。"企"，就是踮起脚尖，企图高人一等。高人一等后，才能看得见。要不然里面那么热闹，你被挡在外面怎么办？我们去看热闹，经常会踮起脚尖，为的是能够看到里边。而这种人，是站不稳的。"企者不立"，意思就是说，一个人勉强自己，不守本分，所得到的结果只能是害他自己。比如，以前我们称呼公司都叫实业的，现在非要叫企业不可，所以经常是差不多七年就倒闭了。

"跨者不行"，"跨"，就是为了求快，阔步而行。现在都在喊快快快，却不知道死得更快。欲速则不达，本想阔步而行，想快一点到，最后却走不远，因为人会累。如果跨度正当的话，人可以走很远不会累。非要阔步而行的话，你自己试试能走多久就知道了。现在我们做父母的，也是一天到晚接受类似的信息：不要让你的小孩输在起跑线上！凡是这样的，我都告诉他们，如果你相信这一句话，就是让自己的小孩死在跑道上。

这之后，老子告诉我们要怎么修道。下面就传授了具体的办法：**自见者不明，自是者不彰，自伐者无功，自矜者不长**。

"自见者不明"。"自见者"，就是自己认为自己有见解。今天的人都很喜欢说一句话：这是我个人的意见。你个人算什么？你也有意见？还轮到你有意见？自己认为自己有独到见解的人，就是不自明，不自知，不了解自己。我们老觉得知人不易，了解别人很难，实际上，了解自己才是最困难的。大多数人都不知道自己有多少斤两，动不动就要写书，动不动就要发表文章。实在没有人看，就上网，自己也搞个什么"face book"，觉得这样会有很多人看。但是要知道，看的人是谁，这个才是比较重要的。物以类聚，人以群分。自然有那么一些人，会去做他的拥护者。但要看看那些听众的水平，要看看那些看的人的样子，这才对。

"不明"的意思，就是完全没有自知之明。其实，老子、孔子的成就，不过是集大成而已，甚至连集大成都不敢讲，只是说述而不作。意思是，我只是把古代人的话整理出来，然后转述给大家，而我自己一点儿没有创作。这样，他不自见，故明。下面这两句话是很对的：自见者不明，不自见故明。

"自是者不彰"。"自是"，就是自以为是。其实，大部分人都是自以为是：我讲得对，你讲得没有道理。很多人只相信自己的道理，而不相信别人的道理。凡是自己认为自己有道理的，最后都是永远不明白道理的。因为道理永远具有两面性，有阴就有阳，有正面就有反面，有上就有下，人不可能把它讲得很周全。我讲得非常清楚，跟中国人讲道理，是天底下最难的。因为中国人普遍只相信自己的道理，不相信别人的道理，偏见太深，主见太重。整个道理都偏了，斜了，歪了。所以中国人讲道理，差不多都在讲歪理。我们从小就讲歪理，一天到晚跟父母辩，表示自己怎么怎么能干。要不然，老子写这些话干吗呢？

"自伐者无功"。"伐"，就是自己炫耀自己。如果总是炫耀你自己有功劳，东西是你做的，合同是你签的，那就绝对没有功劳。功劳是让出来的，不是抢出来的。老子讲不争，就是告诉我们不争的人才有功劳，争的人是完全没有功劳的。如果你不相信，那去跟你的领导争功劳试试，看看你争得过他吗？有人说，我乖乖地把功劳送给领导，然后就有人说这是拍马屁。我很讨厌那些完全不了解道理的人，一天到晚在讲这些歪理。那我请问，你有功劳，你不给领导你给谁？你如果给自己，一定被抢掉。你给领导，他多少会分给你一点，这就做对了。功劳是人家分给你一点，而不是你自己可以保护得了的。凡是自居其功者，都保不住，最后都是无功。然后抱怨社会不公平，人家对你不好，没有眼光，你这么好的人才，居然不被重用……这就是忘了自伐者无功，不自伐故有功的道理。

"自矜者不长"。"矜"，是夸耀自己的成就，夸大自己的功劳。比如，人家说你买东西买得真好，又便宜质量又好。你要是说哪里哪里，碰巧而已，那就有功劳，而且还会长进。如果说那当然，这件事情我最内行，说不定问题很快就出现了。自己夸大功劳，自己夸耀成就，是不长进的。

如果把这几句话跟另外几句话对接起来，就更好理解老子了：自见者不明，不自见故明；自是者不彰，不自是故彰；自伐者无功，不自伐故有功；自矜者不长，不自矜故长。这都是两两相对的。一比较，意思就更清楚明白了。

如果简单概括一下，修道的四个要领就是：一，不要自不量力；二，不要自以为是；三，不要居功自傲；四，不要自吹自擂。《道德经》第二十四章里的这几句话，为什么都紧紧围绕着一个"自"字？而在这一章的最后，老子又做了怎样的结论呢？

第二十四章最后，老子说：**其在道也，曰余食赘形。物或恶之，故有道者不处。**"余食"，就是剩余的食物；"赘形"，就是不必要的赘肉，多余的东西。一个人要自见，要自是，又自伐，又自矜，这四种是现在最流行的，叫作自我观念。凡是这些东西，对道来讲，都是剩余的食物，都是不必要的赘肉。很可

曾仕强详解道德经：道经

惜，现在人们已经习以为常了。所以，为什么说人失序呢？就是大家以反为常，把反的当作常的，还在不停地传播。

人类大多喜欢自己这样做，而又不喜欢别人这样做，这是非常奇妙的事情。比如，当一个人夸耀自己的时候，他觉得很爽。可是，当这个人看到别人夸耀自己的时候，会觉得很可恶。老子真的把我们看得一清二楚。我们非常喜欢说，我是一个有信用的人，而且觉得自己说得很好。别人只要说他有信用，我们大概马上会反感：他有信用，那次的事情就是他没有信用。这就是人性。"故有道者不处"。所以老子告诉我们，所谓修道，就是把这种矛盾心理修掉。自己不喜欢别人做的，就先要求自己不要做。我们都是先求别人不要这样做，却论证自己有理由这样做。这叫作因循苟且，一天一天拖过去，耽误了自己修道的宝贵时间。一个真正懂得中华文化的人，很少说我个人怎么样，都说我们、大家。而且，他不会乱传东西，就算传，也是很慎重地搞清楚再去传。

老子告诉我们，大道因任自然。老子讲的这些话，都不是他的创作，而是他用心去关照自然的现象，然后把它用在人身上。所以接下来，老子就要告诉我们，大道因任自然。

《道德经》第二十五章，讲了道是怎么形成的。老子认为，是"道"生化了世间万物。而西方人认为，是上帝创造了万物。同样是万物的主宰，老子为什么要把它叫作"道"，而不叫上帝呢？

道跟上帝的不同之处在哪里？上帝是居功的，你不相信我，就不能永生。道是不居功的，而且也不自生。上帝说你们都是我创造的，没有什么兄弟、父母、君臣，都是我的子女，所以西方人认为他们都是上帝的子女。因此，儿子可以直呼爸爸的名字，这就表示他们有父子的关系，但是没有父子的伦常。上帝跟神，都是人格化的创造者，都是主宰，都可以控制万物，但是道不做这种事。

老子说：**有物混成，先天地生。寂兮寥兮，独立而不改，周行而不殆，可以为天地母。**

"有物混成，先天地生"，大道是混沌一体的，比天地还早。"寂兮寥兮"，它既空虚无形，又充满了生机造化。"独立而不改"，"独立"，就是它不依靠任何东西。今天很多人讲独立，实在差太远。比如，小孩说要独立，我说可以。但是让他从现在开始，不跟爸妈要一毛钱，否则我就不相信他独立得了。动不动就讲独立，其实还早得很。人要超越于万物的生灭之上，要能够永恒不灭，才有资格讲独立。你不生不灭，不依靠任何东西，做得到吗？当然做不到。只有道做得到。"不改"，就是不生不灭。道不依靠任何东西，只靠它自己，给别人还不要回报，不居功，也不要收回，还一辈子跟着。"周行而不殆"，它是循环往复，生生不息的，但从来没有倦怠过。不倦怠，不休息，也没有危险。"可以为天下母"，它可以说是天下万物共同的母亲，因为我们都是道生出来的。

吾不知其名，强字之曰道，强为之名曰大。我不知道它的名字，很勉强地把它叫作道，很勉强地把它形容成大。

大曰逝，逝曰远，远曰反。"大曰逝"，越看越大，越走越远。"逝"，不是不见，不是死亡，而是"行"的意思，越行越远。《论语·子罕篇》里面有同样的话：逝者如斯夫，不舍昼夜。这是指水在不停地流动，不分白天晚上。可见这个逝不是亡，不是死，而是越走越远，也就是行动的意思。"逝曰远"，

曾仕强详解道德经：道经

它不停留，跑得很远。远到哪里去呢？"远曰反"，然后它又返回来。老子的意思是说，反正一直往前，没有止境，永远周流往复，又回到原点。原点既是终点，也是起点。所以，中国人讲始终，也讲终始。中国人来就是去，去就是来，外国人听不懂。因为外国人去就是去，来就是来。中国人讲来来来，和讲去去去都一样。我马上来，我马上去，是一样的道理。我们中国人有轮回的观念，就是从这里来的。大、逝、远、反，十八年后又是一条好汉。

《道德经》第二十五章接着说："故道大，天大，地大，王也大。"但是，也有的版本是：故道大，天大，地大，人也大。那么，到底是"王也大"还是"人也大"？它们的区别在哪里呢？

《道德经》第二十五章，老子说：**故道大，天大，地大，王也大。域中有四大，而王居其一焉。**

"王也大"，有很多版本是"人也大"。其实"人也大"，就很容易自大，而"王也大"就不一样。王是人当中极少数能够行圣王之道的人，所以他才大。为什么同样是人，王可以大，而一般人就不能大呢？很简单，王无私无我就大了。而人修道修到无私无我的境界，自然就大了。老子在《道德经》第二章讲得非常清楚：生而不有，为而不恃，功成而不居。只要一个人做得到，他就是"王也大"。"域中有四大，而王居其一焉"，宇宙之内有四大，而人中之王，是可以与天地合一的。所以大家不要怀疑，只要你真的无私无我，就会与天地合一，就能有天人感应。

老子在这一章里，提出了一个方法论。有人常常讲，中国人不讲究方法，你叫我们修，讲了半天，都在讲理论，不是空谈吗？而老子已经给出了方法，就是：**人法地，地法天，天法道，道法自然**。他为什么不直接说人法自然，而是这样一层一层地讲呢？老子是在告诉我们，人一定要先把地气接好。我们常说一句话：好久没有接地气了！人最亲近的就是泥土。泥土对我们最好，可是我们把它糟蹋得最厉害，动不动就挖它一下，铲它一锹，还把有毒的东西埋进去。大地无怨无悔，人要挖就挖吧，反正自作自受。你要把自家地基挖垮了，把房子挖塌了，它也乐得看你垮、看你塌。这方面的内容，上一章已经讲得很清楚了。道也乐得看你楼塌了，人亡了，家破了。因为大地跟母亲是一样的，天生很慈爱。不会因为某个小孩不会读书，就不给他饭吃。但是现在会了，这是因为人失序了，心失序了。

地才能够法天，天才能够法道，道才能够代表自然。人要一步一步来。你要走路，先把地看好，脚步站稳，才不会摔跤，才能抬头去看方向。看了方向以后，才知道哪个是正道，哪个不是正道，慢慢养成习惯，就自然而然了。一步一步来，这不是很好的方法论吗？

接下来，老子继续为我们讲述，道重而身轻。

曾仕强详解道德经：道经·第十一集

《道德经》第二十六章告诉人们，"君子终日行不离辎重"。这里的辎重是指粮草物资吗？如果不是，那它又是指什么呢？第二十七章讲了用"五善"来救人和物。那么，"五善"指的是哪五个"善"呢？它们又是怎么救人和物的呢？老子说"圣人常善救人，故无弃人，常善救物，故无弃物"。这里的"无弃人"和"无弃物"，是不是说不能抛弃任何人、任何物呢？

　　《道德经》第二十六章，老子要告诉我们"道重而身轻"。他说：**重为轻根，静为躁君**。重跟轻是相对的，静跟躁也是相对的。它们是互相比较的，只是程度上有差别，但不是绝对的。重，是往下沉的东西。我们常常说这个人很稳重。而轻，是浮上去的东西。我们常常说这个人太轻浮了。但是老子的意思，并不是说重是轻的根本。而是说，你重，才可以应用轻；你轻，就很难去应用重。

　　比如，一个很重的东西，要把一个很轻的东西吊起来，吊多高都可以。一个很轻的东西，去吊那个重的东西，怎么可能呢？自己反而被它搞倒了。重，是用来形容一个人很有德、很稳重。而轻，是代表一个人失德，我们叫作失态，叫作失礼。

　　我们现在可以看出来，中国人跟外国人的不同在哪里。外国人不管什么情况，爱笑就笑。而中国人则要看场合适不适合笑，就算可以笑，也不能笑得很大声。所以我们常常觉得，好像中国人比较保守。实际上不是，我们是比较内敛。再看看现在的中国人，比哪个国家保守呢？反倒是失去了内敛的功夫以后，比谁都糟糕。比如我们中国人到国外去，人家都是欢迎的，但是人家也都害怕：你是走动的财神爷，但不应该把我们这里搞得一塌糊涂啊！

　　"重为轻根"，重是轻的根本。一个人学会了稳重以后，偶尔放松一下、轻松一下，还不至于失态。如果一个人，从小就没有场合、对象、时辰的观念，爱怎么样就怎么样，那他一辈子都会很辛苦。别人看他很奇怪，他自己也觉得很痛苦，不知道自己错在哪里。其实，这不是错不错的问题，而是给别人什么观感的问题。

比如，小孩子到别人家里去，就好像在自己家里面一样，看到东西就拿，喜欢什么就吃什么，随便在沙发椅上面跳……最难过的就是他的父母。这个时候父母不好意思说他，但又实在觉得很丢脸，弄得主人也很尴尬。这就是稳重跟轻浮，给别人的不同感觉。平时在家里训练他稳重，偶尔出去轻松一下，到了海边跳一跳，到了山上大声叫一叫，这都无所谓。平时在家里面就非常轻浮，出去叫他怎么控制得了自己呢？

"静为躁君"，"静"就是安静，"躁"就是急躁。只是说急躁，大家可能很难去想象是哪种状态。去野外看一看放风筝就好理解了。如果风筝断了线，就稳不住，不知道会飞到哪里去。在人，就叫作不安。急躁的人，是安静不下来的。心里头七上八下，眼睛东张西望，满脑子都在想来想去，手脚无措。"君"，在这里指的是一股能够约束的力量。安静对于急躁来讲，是有控制力量的。急躁控制不了安静，安静控制得了急躁。所以，一个人平常要养成稳重，养成安静的习惯，这样才能随时有爆发力。这样的人才叫作可静可动，才是我们所需要的正常的人。

> 一个人平常要养成稳重，养成安静的习惯，这样才能随时有爆发力。
>
> ——《道德经》的智慧

《道德经》第二十六章接着说："是以君子终日行不离辎重。""辎重"在我们的理解中，一般是指粮草物资。"君子终日行不离辎重"，难道是说人马未动，粮草先行的意思吗？"辎重"在这里，究竟代表着什么样的意思呢？

老子说：**是以君子终日行不离辎重**。这里的"辎重"，不是指物质方面的，而是指德行，就是道的意思。"是以君子终日行"，人出去就是要行道，要布道。

为什么说君子要终日行呢？那么辛苦干什么呢？各位如果有时间、有机会，可以去看看老子，甚至孔子。他们二老，年纪这么大了，急急忙忙到处奔波干吗呢？相信他们二老会不约而同告诉你：我们在自讨苦吃。其实，这两大圣人都是自讨苦吃。但是，自讨苦吃下面还有四个字，叫作自得其乐。一个人如果一遇到苦就觉得苦，那就不要辛苦算了。光是乐，乐到最后什么都没有，就是浪费资源、浪费时间，也干扰别人。"是以君子终日行"，人出去就是要行道，要布道，因此不能离开道。不能一出去就吃喝玩乐，忘记了自己是干什么的。现在，太多的人就是这样。

虽有荣观，燕处超然。虽然我们在路上、在旅途上，看到很美丽的景观，住五星级饭店，但心里头却像燕子一样地安居，而且不求奢华，不要求常常吃好的。超然物欲之外，才叫超然。一定要燕处，燕子所住的地方，都很平淡、很俭朴，它不会沉迷于物质上的享受，没有说餐餐要喝酒，晚上还要唱卡拉OK，搞得作陪的人累得要死。这还算什么君子呢？自己出来干什么都忘记了。

接下来，老子很感慨，他说：**奈何万乘之主，而以身轻天下**。一个人好不容易有机会尽自己的责任，做到有一万乘车辆的一个大国国主，居然这么不稳重，以一己之能，即现在人所喜欢讲的个人的意见，来轻率地治理天下。"轻天下"，就是很轻率地治理天下。搞得天怒人怨，实在没什么意思。

其实老子那个时候，正是春秋战国之时。真的君不像君，王不像王，就是孔子所讲的君不君、臣不臣的时代。所以他会有这样的感慨：一个人好不容易能够有机会来发挥，就应该发挥无为而治的原则，怎么能够搞成这个样子呢？

轻则失根，躁则失君。老子又回头引到第一句话上面。因为太轻浮，不重视自己的德行，所以整个根本就没有了；因为太急躁，想要有所表现，所以就稳不住，不知道什么叫作治天下的王道。那么，我们回复到前面所说的"王才大"，不"王"就不大了。后来之所以有王霸之争，其实都是从道家跟儒家得来的。

讲到这里，我相信大家心里都有数了。西方的国家，大概都是行霸道的，因为他们不了解什么叫作王道。中华民族好不容易有了这种王道的理想，如果我们再把王道放弃了，去走西方霸道的路子，恐怕是非常凄惨的。这也是我们中华民族，在21世纪一个很重大的责任。

老子讲完这些以后，就想到怎么样才能够做一个王道的人。不一定做王道的君王，但最起码可以做王道的人。所以他就提出来，用五善来救人、物，不但要救人，而且要救物。实际上，物就包括人在内。只不过因为要加强人的责任，才把人从物里面提出来，特别给予一个比较重要的位置，这才出现人物。

《道德经》第二十七章，讲了如何用"五善"来救人和物。这就是善行、善言、善数、善闭、善结。但是，这五善具体应该怎么做？又为什么能够救人和物呢？

老子说：**善行无辙迹，善言无瑕谪，善数不用筹策，善闭无关楗而不开，善结无绳约而不可解。**善行、善言、善数、善闭、善结，这是我们用来救人救物的五个善行、五个善德，合称为五善。下面，我们来分别说明。

"善行"，就是善于做事的人。"行"是行事，"善"是善于。善于做事情的人，一定能够以简驭繁，即把很繁杂的事情，弄得很简单，让大家都看得懂，而不是把很简单东西，搞得很复杂，让大家都看不懂，想配合也无从下手。顺着正道，不留任何痕迹，这样叫作善行。现在的人，刚好相反，凡走过的，必留下痕迹，那不是上乘之人。以前的修道人，所经过之处，一点儿痕迹都没有。他们做事情，方法正确，方式也合适，轻松愉快，就好像船在水上驶过去，一点儿痕迹都没有。现在的人，凡走过去的，必留下一大堆后遗症。这个后遗症，让后边的人感觉到很为难，不知道怎么下手，不知道怎么处理。各位可以看看工厂遍地建起来以后，所造成的严重的水土污染、环境污染，是不是这种情况？我们真的应该好好读读老子这一句话，善行是没有车走过的痕迹的，叫作无辙迹，即不留任何痕迹，不留任何后遗症。

"善言"，不是教我们要会说话，老子是不鼓励会说话的，因为言多必失。"善言无瑕谪"，意思是说话谨慎的人，不会留下任何毛病让别人来指责。现在的人，一讲话就漏洞百出，一讲话就被别人批评得一文不值，实在非常糟糕。一个人讲话要发乎真心，要合乎天理，没有任何把柄，没有任何毛病，不能让别人指指点点，认为是胡说八道。这是每个人都要去修养的。

"善数不用筹策"。"筹"，是筹码；"策"，是计算的工具。一个很会计算的人，根本不用计算机，连算盘也不用，因为他心中有数。现在的人非常依赖工具，好像没有工具，就一筹莫展。中国人以前心算是很厉害的，现在却越来越糟糕。工具越来越方便，人们过度使用并依赖，这就是向外去发展，却把内在的东西忘记了。

"善闭无关楗而不开"。"关楗"，是指门上面把门拴住的

曾仕强详解道德经：道经

木栓。真正会关的人，不用任何机关，不用任何门闩，可是别人就打不开。我曾经见过一个人做了一个盒子，盒子当然是可以打开的，但四方八面看来看去，却找不到关楗在哪里，让人无从下手。当然他自己开得了。

"善结无绳约而不可解"。一般来说，要把东西捆绑起来，最起码得用根绳子，才能捆绑牢实。但是别人只需一把刀，就可能砍断绳索。一个善于捆绑的人，是不用绳子的，可别人就是解不开。这是心结，既是心结，哪里去找绳子呢？我们常常觉得自己很厉害，实际上人上有人，天外有天。

老子告诉我们，由于五善可以救人救物，所以"圣人常善救人，故无弃人。常善救物，故无弃物"。在这里，"无弃人"和"无弃物"的意思，是不是说不能抛弃任何人、任何物呢？

老子接着说：**是以圣人常善救人，故无弃人。常善救物，故无弃物。是谓袭明。**圣人了不起之处在于他只会救人，不会把人丢掉。现在的人不是，动不动就说，再不听话，我开除你！像你这种人，干脆离开算了！这就不叫圣人，圣人常常去救人，什么人都救，所以他没有弃人，没有弃人就是一视同仁。我们中国人，讲的是自然的结合，讲的是亲如一家人。他没有结可解，没有法可施，没有约要定。动不动就要签合同，签契约，坦白讲，对中国人是不管用的。

真正发自内心，把所有人都当一家人看待，就能好好待人。分来分去，这个能干，那个不能干，麻烦就来了。大家从《道德经》的

160

第一章，就会感觉到。"名可名非常名"，就是说不要给一个人好人的名号，给另一个人坏人的名号，说这个有才智，那个没有才智。

接下来的好几章都在讲不要分，本来就分不清楚，还经常会分错。这里有一个大前提：惟道是从，不要自己定标准。现在的人，很喜欢自己定标准。先考试，考不及格就不录取。我常常觉得很奇怪，人家要考音乐系，你却问他会不会作曲。他都会了，你还教他什么呢？更有甚者，还逼着人家去某个指定的地方补习，否则不录取。这样人家心里会服气吗？现在这样的事情太多。自己定的标准，就不是"惟道是从"。

下面老子接着分析"常善救物，故无弃物"。前面说"常善救人，故无弃人"，我们还比较容易了解，现在居然把这个推到物上面去，什么意思呢？"常善救物"，就是依照自然规律来救物。"故无弃物"，所以没有任何被抛弃的东西。讲到这里，有人会问：这是不是要大家吃素呢？其实吃素也不对。你不吃牛羊肉，去吃植物，难道植物没有生命吗？所以，我们说人很奇怪：我们不能吃牛，不能吃羊，因为它们是有生命的。那你去吃萝卜，萝卜没有生命？去吃青菜，青菜没有生命？我不晓得大家的标准在哪里，这都是自己骗自己，根本不是这回事。其实老子是讲，草长大了就是给牛羊吃的，它无怨无悔。牛羊长大了，是不是给人吃的，就不一定了。

我来讲一个故事，大家就容易理解了。北美洲有一个地方，那里有一种牛叫作"buffalo"，后来翻译成美洲牛。当地的居民印第安人，经常杀美洲牛来吃。后来，欧洲的白种人来了以后也杀这种牛，大家纷纷骂他们太残忍。很多白种人就觉得很奇怪：印第安人杀牛可以，怎么我们杀牛就不行？这说明，他们没有读过老子的书。印第安人杀牛，是为牛好。他们在杀牛前，会把牛皮披在自己身上，混到牛群里面去，带领牛群走到悬崖边，自己先往下跳。牛群误以为同类在跳，便跟着往下跳。结果，凡是从那么高的地方跳下来还能够活的，说明品种优良，于是就保留了下来。如果跳下去摔死了，表示这样的牛不行，长大了也没用，便杀来吃了。而白种人来了之后就不一样了，他们用的是枪。这不是残杀动物是什么？

　　用老子的话讲，就是任何事情，只有程度上的差别，而没有绝对的有跟无的差别。我们再强调下，为生活而吃牛羊，没有问题；但是以残杀动物为乐，就不可以。这就是区别。我们不可以通过爱护动物，来彰显人类的伟大。我们没有反对任何事情，只是过分强调吃素，我是不太赞成的。大家去看事实好了，吃荤吃出很多毛病，吃素同样也吃出很多毛病。何况，真正的佛教徒是不可能吃素的。当年，释迦牟尼佛的弟子是托钵化缘。和尚拿一个碗，他不需要说话，人家看他拿一个碗来了，自然清楚是什么意思，就把家里的饭菜给他吃。他能不能说："拜托，我要吃素啊？"那他自己就饿死了，而且是活该。吃素，是梁武帝搞出来的。他是什么动机，我们不知道，可能是为了彰显他的伟大。所以，达摩来了以后，就很坦白地告诉他毫无功德。我想，这个意思跟《道德经》是很吻合的。

　　老子在"常善救人，故无弃人；常善救物，故无弃物"之后，接着告诉我们：是谓袭明。"袭"，是承袭；"明"，是常道。"是谓袭明"，是说这是承袭常道的一种很好的表现。我们中国人常常讲，冥冥中暗合天道。其实，任何东西，只要冥冥中暗合天道，都叫袭明。再浅薄通俗一点讲的话，就是凭良心。一个人凭良心，无私无我，就能够袭明。

袭明，就是知常道。而对于道来说，人无善恶好坏之分，物无高低贵贱之别。但是在现实生活当中，我们还是常常会看到，有人善有人不善。那么，老子是如何分析善人与不善之人的呢？

下面这两句话，是非常有趣的：**故善人者，不善人之师；不善人者，善人之资**。善人、不善人，到底讲什么？本来，老子认为，对人是不可以这样分的。为了方便说明，他把人勉强分成善人与不善之人。不善人，就是说一个人不是善人。善人没什么了不起，不过是那些不善之人的老师、榜样而已。他把你当榜样，你才是榜样；他不把你当榜样，你算老几？这就是老子一再讲的，圣人不能标榜自己是圣人。一个人做好事，不能标榜自己在做好事；一个人救人不能标榜自己幸好救了别人。所以，老板不可以跟伙计讲：我对你那么好，你怎么可以这样对我？这话是不成立的。你要对他好，是你的事；他要怎么样对你，是他的事。每个人都是自作自受，这才符合天道。善人是不善人的老师。但是，这由不善人自己来决定，而不是善人来决定。

"不善人者，善人之资"。"资"，是取用。"不善人"，是善人能够发挥善的对象。比如说，一个人很想行善，手上拿一把钞票很想施舍，但谁都不要的时候，这些钞票有什么用？所以，行善者要谢谢那些被行善的人：好在有这么多乞丐，我的钞票才有出路。行善就要有这样的心胸，正因为有很多不善的人，你这个善人，才有发挥善德的对象。这两句话很不容易去体会，因为一般人做不到。

老子在这一章的最后说：**不贵其师，不爱其资。虽智大迷，是谓要妙**。这是非常精要而且微妙的道理。我们一方面不可以疾恶如仇，一方面还要抑恶扬善。现在很多人都骂中国人不诚实，只说好听的话，不讲坏的话。比如，各个媒体，都打着老百姓有知的权利的旗号，把一些乱七八糟的东西，一而再、再而三地渲染、扩大，弄得大家不看都不行。再比如，实际上自古就有同性恋，只不过是偷偷摸摸的。既然是偷偷摸摸的事情，为什么要报道它？就当没这种事一样，见怪不怪，其怪自败就好了。但现在不行，要游行，要合法化。真不清楚这些人是出于什么样的动机。

"虽智大迷"，虽然这样的人是有知识的，但却是一些大迷糊。非要把那些事情报道出来干什么？如果不报道，只有少数人知道，就没有什么事。一报道出来，很多人才知道原来可以这样做，就敢于公开。"是谓要妙"，这就叫作要妙。就是说，这种很精微、很微妙的道理，难道都不懂吗？

老子不是要骂人，他只是很感慨：这种简单的事情，怎么大家都搞不清楚？这么明白的道理，怎么大家都听不懂呢？抑恶扬善的意思，不是把坏的遮蔽起来。坏的事情，应该暗中去处理，去化解掉，不要让它再发生。好的，就把它宣扬出去，成为大家模仿的对象。为什么一定要解释坏的一面呢？

其实，我们自从有一本书——《丑陋的中国人》以后，大家就觉得，我们应该从坏的方面来看中国人。看不起自己人，作践自己人，认为自己人都是丑陋的。那我问你："你不是中国人吗？你不丑陋吗？"这就是我们常讲的，不要认为自己比别人高一等。"企者不立，跨者不行"，最后谁先倒霉，历史已经无数次给了我们答案。

老实讲，中国人骂来骂去，到国外还是和中国人在一起。如果你有种，就不要和中国人在一起。这就是"虽智大迷"，看起来好像很有知识，实际上是个典型的大迷糊。

老子讲这些话，是语重心长的。他认为，人没有权力去分谁好谁坏，没有权力去标榜自己比别人好。其实，一个人比别人好，是有很多原因的，不只是你所了解的那些，其中还有太多，是一般人绝对想不通的。

老子是研究天道的，他从天的角度来看，万物是齐的。而在我们看来，万物都不齐。其实，万物都应该看齐。就像再高的楼房，只要我们从卫星上看，都是一样的，比地面高不了多少。接下来一章，老子就要告诉我们，大道无分的要旨。

曾仕强详解道德经：道经·第十二集

《道德经》第二十八章说，要"知其雄，守其雌……知其白，守其黑……知其荣，守其辱"。"耻辱"是人人都避之不及的事情，为什么老子却要求我们"守其辱"呢？第二十九章阐述了破除所有执着的重要性。第三十章告诉我们："以道佐人主者，不以兵强天下。"因为"大军之后，必有凶年"。但是纵观历史，许多强大的政权，都是通过"大军"建立起来的，那么枪杆子里面出政权，最终会带来怎样的结果呢？

　　《道德经》第二十八章，告诉我们大道无分的要旨。大道是整全的，没有办法分割。

　　老子说：**知其雄，守其雌，为天下谿**。"谿"，就是我们常说的小溪，小河流。这代表一个很宁静的地方，而且是很低下、很寂静的。小溪慢慢汇集，到最后会汇聚成大江大海。小溪好像一无所为，可最后它是大有为，无不为。这是从自然现象，去看无为而无不为，这里面有一个前因后果。

　　对人来讲，如果只知道雌，而不知道雄。换句话说，一个人只知道顺从人家，却完全不知道原来也可以去开创，这样经常吃亏；只知道很柔和，但是不知道人家很雄伟，有时候是要挨打的，挨打的时候还没有人同情。所以，老子并不是说，我们只能守雌，不能先导。雄就是先导的意思。如果只能后顺，不能开创，那就是分了。既然大道不让我们分，我们怎么能够只要后顺，不要先导呢？不要雄伟，只要柔顺柔和，当然是不可以的。

　　老子这句话的意思是告诉我们，一个人要知道，刚强有刚强的好处，柔弱有柔弱的好处。但是不能一开始就刚强，否则别人也会很刚强地对待你。硬碰硬，对着干，最后只会两败俱伤。所以自己虽然有可以刚强的本钱，可以先导的能力，但是要先采取弱势，先采取低下的姿态，先用顺的态度，看看别人怎么对你。你顺，别人也顺；你柔，别人也柔；你客气，别人更客气，事情就很好办了。

　　大家可以做个尝试。你到别人家去，要先敲门，主人会根

曾仕强详解道德经：道经

据声音大小来判断采取什么态度。如果梆梆梆地敲，主人会说："敲门就敲门，那么大声干什么？"如果是轻轻地敲，主人会很柔和地问："你有什么事吗？"如果他一开门，你立即一步向前，说自己有事，他马上挡住，问你干吗冲进来。所以，我们一般的做法是，敲完门，等对方把门打开的时候，会后退一步，他看我们没有敌意，甚至还是朋友，自然会请我们进去。这就是我们常讲的，退一步海阔天空。

老子接着说：**为天下谿，常德不离，复归于婴儿**。如果了解到"天下谿"，慢慢汇聚成大江大河的道理，就会对真常之德有信心，就会不离常德。于是，这个人就会"复归于婴儿"。虽然年纪已经很大了，但还是像个婴儿一样天真无邪，无知无欲，谁看了都觉得很好。因为别人看到你没有敌意，跟你接触不会吃亏，看到你不是雄赳赳气昂昂，随时要占便宜的样子，自然喜欢跟你亲近。

这几句话其实都是在解释，大道有这一面，也是有那一面的。但是每一个人，都要自己去选择。选择什么呢？就是选择先后的问题，而不是有无的问题。

我们没有说完全反对雄伟，反对刚强，而是说应该先采取退让的姿态，等到对方实在不讲理的时候，再翻脸无情。那时你给他脸色看，人家也不会怪你。因为你已经客气在先，他自己没有警觉性，搞成这个样子，谁同情他呀？

中国有句俗话"先礼后兵"，正体现了老子的思想在中国社会所产生的巨大影响。第二十八章接着又说："知其白，守其黑，为天下式。"这里的"白"和"黑"分别是什么意思呢？

170

老子说：**知其白，守其黑，为天下式**。"白"，指的是纯白的知识，没有教人做坏事的知识。有知识的人能够把事情看得清楚，可是我宁可不要让人家看出来自己有知识，这就是"守其黑"。"守"，就是坚守。"黑"，就是深不可识，让人家看不出来。修道的人都是深不可识的。深不可识是说品德修养好。明明知道很多专业知识，可是假装不知道；明明知道这个人很可能不如自己，可自己在他面前还是很谦虚，请对方多多指教。

"为天下式"，因为我的这种作风，明白人跟我在一起的话，会受到我的感染，并跟我学习，一片祥和之气马上就出来了。现在的人不是这样的，却总是把别人看成没有知识的人，随时要告诉他要这样那样。

比如，我们去饭店吃早餐，你说我要个鸡蛋，他告诉你那边有煎好的，去拿就好。这就是把你当傻瓜了。你怎么会不知道那边有煎好的？只是你的习惯希望煎得比较嫩一点，所以才会在这里跟他商量。再比如，你伸手去拿什么，他就告诉你这个是什么，那个是什么，讲一大堆。

有一次，我看到一个年纪很大的人，大概是带着他的孙子去饭店吃饭。爷爷讲的都是这个有营养、那个没营养之类的话。想不到那孩子讲了一句话，弄得他爷爷目瞪口呆："你以为这些我都不知道？其实你讲的我都清楚。"就这么一句话，让长辈情何以堪！这也是自作自受。

我们经常把别人当作是无知无识的人，非要告诉别人怎么做。这就是孟子所讲的："人之大患，在好为人师。"指挥来指挥去，就是"知其白"，而不能"守其黑"。现在整个社会都充满了这种自以为是的人。

西方人从小就教育小孩要表现，不但要表现，还要去告诉别人这样做的原因。弄得整个社会都很浅薄，整天就是那几招，搞来搞去，甚至搞一辈子。

中国人不可能这样，我们看孔子就好了。其实，孔子在很多地方跟老子是相通的。大家都知道孔子是礼的专家。可是孔子经过太庙的时候，每一项事情都要问，这似乎是很奇怪的事情。你不是专家吗，怎么连这个也看不懂？其实孔子知道，一切都在变。也许这两年，礼器变了，礼治改了，名称也不同了，自己所知道的是几年前的那一套，如果跟人家不相对应的话，不是让大家都很难堪吗？所以干脆先问，再印证，以便了解自己那一套知识是否还管用，有没有过时。这样才叫作"曲则全"。如果孔子完全以专家自居，而人家却说那是以前的，现在已经不用了，岂不是自讨没趣，而且人家还会看不起他，得不偿失。

我年轻的时候，曾经跟一帮人去东京，但是大多数人都不会讲日本话。临出发前，大家就问谁会讲日语。只有一个人说会讲，我们说那到东京全靠他了。结果一到东京，大家都推他去跟日本人交涉。他一开口讲日本话，日本人当然就跟他讲日本话了。结果他说听不懂，大家觉得这下糟糕了。语言是不断变化的，而且日本人听人开口讲日语，就以为对方精通日语，结果讲一大堆话，殊不知对方一句也听不懂。反而我们这些不会讲日本话的，还和他们沟通顺利。因为我们会写，会比画，这样人家就懂了。日本人看到我们写字，还比画，就知道我们不懂日语，也跟我们写字，结果我们就都懂了。这是最现实的一个案例。

为天下式，常德不忒，复归于无极。 "忒"，是差错、偏差。"常德不忒"，是说"惟道是从"所表现出来的言行不会有差错。这是什么意思？就是用装糊涂来提升人群的常德。中国人最讨厌真糊涂，骂人都骂糊涂蛋。但是，中国人最不喜欢精明能干的人，对越是能干的人越是不信，对越是精明的人越是给他吃苦头。

老子再三告诉我们说，你喜欢的别人不一定喜欢，你不喜欢的别人照样做。人都希望自己很精明，因为可以满足虚荣心。但是别人一精明，就要打击他，就要出手干掉他。这是我们民族的矛盾性，大家一定要了解，才叫作有自知之明。装糊涂来满足别人的虚荣心，别人也会意识到自己不能乱讲话，否则就叫关公面前耍大刀，孔夫子面前讲大道理，只会自讨没趣，贻笑大方。

"复归于无极"，如果能够"常德不忒"，即经常保持常德不会有差错，人就能回归于道。道就是无极，这不是人的思虑所能够达到的境界。那个境界叫有限。就像一个人说自己想的很有限，也像一个幼稚的人拿出几个大计划，让别人笑掉大牙。而无极，根本就是无限的。

老子除了让我们"守其雌""守其黑"之外，紧接着又告诉我们，要"守其辱"。"荣誉"是众人竞相追逐的，但是，老子为什么反而要我们守其"辱"呢？"辱"在《道德经》第二十八章里，有什么特殊的含义吗？

老子接着又说：**知其荣，守其辱，为天下谷。为天下谷，常德乃足，复归于朴**。这段是把前面的意思整个又合起来，以便让我们更好地理解。

"知其荣，守其辱，为天下谷"，知道什么叫作荣誉，而且也享受过，但还是坚守受辱的状况，就永远不会败。"辱"，不是败德，它指的是别人做得不对，不是自己不对。别人侮辱你，是别人不对，别人没有修养，跟你有什么关系呢？现在的人接受

曾仕强详解道德经：道经

不了这样，受了辱那是不得了的事情。其实，有什么不得了？把自己看得那么高大上干什么？你认可低微，认可卑下，至于别人高高在上，那是别人的事情。其实，高高在上的都会吃亏。因为一般而言，上面高的会先倒下，下面低的往往不会倒。比如，泥石流都是从上面先冲下来的，底下还是好好的。所以，追求荣誉，高高在上，不见得是好事情。

"知其雄，守其雌"，雌与雄之间，因为有异性相吸的功能，还比较容易做到。黑白之间，因为有对比，而且可以互补、调配，所以也不是很难。荣辱最难。明知道可以争取这个荣誉，但是不要；明知道可以拿到这个名誉，但是不要。这是最高的境界。这就是"为天下谷"。能够空掉内心对图虚名这种意念的执着，就能够虚怀若谷，所以就能"为天下谷"。一个人，只要虚掉自己的这些虚荣心，虚掉不能没有面子的念头，就可以"为天下谷"，也可以体会到谷神不死的境界。

"常德乃足"，这个时候，人的常德就能够聚足。恒长的德行并不是偶然行之，而是已经成为习惯，随时可以表现出来，这就叫作"复归于朴"。人的修养，人的修道，就已经回到"朴"的地步。

老子接着说：**朴散则为器，圣人用之，则为官长，故大制不割**。

以前只是婴儿，只是无极，而把荣辱搞清楚以后，就"复归于朴"，回到很纯朴的本性。但是，朴最后散掉了，道最后是分裂的。因为人智发达以后，认为自己比天还厉害，于是就跟天搞分裂。朴散就成为器。自然现象被人破坏了，就成为各种我们称之为有用的东西。器物有用没有错，但已经不是大用了。比如，原本这是一块木头，现在把它做成一张桌子，搞成一把椅子，那就叫器。器是朴散了以后所造成的。

"圣人用之"。圣人看到这种状况，就开始设官职、定制度。"则为官长"，这样就可以变成众官之长。就像我们现在一个领导下面，分成好几个部门，每个部门设一些中层领导，他就可以主管一切。

可是老子的结论是什么呢？"故大制不割"。意思是说你处理小事情，圣人不反对。但是处理像国家这样的大事情，你还用自己的智力和知识，把它割成这样那样的，最后是行不通的。这个"割"，就是头痛医头，脚痛医脚，治标不治本。

想想看，现在哪一个国家不是用割的？这是教育部，那是国防部，这是财政部，那是经济部……国家那么大，不这样分割怎么办？但是，西方分得很清楚，中国人就分得不清不楚。其实，我们才是对的。可现在大家都说西方对。西方讲分工就要分得很彻底、很清楚。中国人分工，最后各加一条"其他"。结果就是，西方分得很清楚，就有三不管地带，而且经常对抗。

大家看美国就好了。总统提个案，要去疏通参众两院，还要拜托他们不要施压，私底下给好处。这算什么呢？新加坡是很懂中国智慧的。他们的官员要讲一句话，各部门同时要跟他讲同样的话，不然就换人。只要改一个法，教育部要改，经济部要改，国防部要改，所有的部门都要改。为什么这样呢？就是因为"大智不割"。所以，我们真的应该从实际的状况，看看老子所讲的道理。

老子说，要做到无分，只有一个办法，就是破除所有的执着，有一点点执着都是分。老实讲，我们满脑子都是分。因为近百年来，中国人很可怜，受西方的影响非常之严重。连夫妇都分——这是你的，这是我的。西方的夫妇一结婚，表面上看他们

曾仕强详解道德经：道经

很亲密，都是"I love you"，实际上却是分割成夫跟妇两个人，一辈子都是一男一女互斗，一直斗到死。两个人去超级市场，太太拿东西，先生负责登记：这是你要吃的，回家算你的账；这是我要吃的，回家算我的账；这个是我们要吃的，你一半我一半；这是我要请你的，我出钱；这是你要请我的，你出钱……有人说，西方人真会理财，账记得清清楚楚。其实是准备随时要离婚，要分家产的。如果不为离婚，不为分家产，分那么清楚干什么？所以，要深刻地去了解实际，光看表面，是很容易走偏的。

"大智不割"，何况一个小家庭，还分什么你我呢？我们中国人不会这样。很多人根本不了解西方，讲东讲西，好像西方真的很美一样。其实，他们是支离破碎，很难整合的。

我们学学老子，破除所有的执着，就会大道无分了。

《道德经》第二十九章说："天下神器，不可为也，不可执也。为者败之，执者失之。"如果在治理国家的问题上，既"不可为"，也"不可执"，执政者究竟该采用哪种施政方法呢？

《道德经》第二十九章，讲破除所有执着。

老子说：**将欲取天下而为之，吾见其不得已**。看到有人将要来治理天下，我就感觉到他实在是不得已的，因为这是种责任，不是为了权利，不是为了义务。

一个人如果雄心勃勃，据理力争，认为只有自己有能力来担当这个职位，那就是西方的竞选。参选人到处演讲，鼓动民众一定要选他，他不会让大家失望，讲一大堆，他就得到选票，登上统治的位置。因此，他必须要表现得大有为，才不会辜负选民的要求。这是不合老子的想法的，老子认为那样越弄越糟。

老子说，一个人是不得已，才来登上这个大位。因为他没有企图心，没有野心，没有个人的想法。本来不欲取天下，却有了天下，所以叫作不得已。这句话真正的意思是说，这个位置不是争来的，而是一种责任。我们中国人自古以来就知道，大位天定，不以智取。大位是老天定的，不是说想要就能得到，想尽办法就可以达到的。

西方是鼓励大家出来登记，出来参选，到处去宣传竞选，搞得好像很热闹。而且还骂来骂去，把祖宗八代都骂到。这种人以后怎么当领导呢？但是大家都认为那样才对。这就是现代人糊涂的地方。

老子接着说：**天下神器，不可为也，不可执也。为者败之，执者失之**。"神"，就是无形无方。这个神妙的公器，不是哪个私人的。"不可为也"，不可以凭一己的想法，上来就要改变。"不可执也"，谁都不可以加以人为控制。为什么？老子接着讲出原因：为者败之，执者失之。历代都是这样。打下天下，维持不了多久就灭亡了。

是以圣人无为，故无败；无执，故无失。圣人不违反自然，就不会败；不固执自己的看法，就不会失人心。"无失"，就是不会失掉人心。其实，一个主张提出来，会有人拥护，也会有人反对。现在那些号称民主的国家，哪个没有反对党？而反对党唯一的任务，就是把执政的人拉下来。所以，专门挖他的伤疤，专门讲他的坏处。但是大家能怪反对党吗？是大家共同搞成这个样子的。老子当年讲得那么清楚，这就是东方跟西方不一样，也是中国跟日本不一样的地方。

我在美国的时候，很多人对我说："你们中国人跟日本人长

曾仕强详解道德经：道经

得一模一样，又是同文同种，我们区分不出来。"我说："怎么看不出来？很简单的。中国人跟日本人都是东方人，都信东方。如果分别扎个布条来表达，凡是写'东方必胜'的，一定是日本人，中国人会写'东方不败'，因为我们从来不求胜。"

凡是求胜的，最后都是败的。因为"为者败之，执者失之"。中国人是我不败就好了，干吗求胜？所以，我们稳如泰山几千年。

老子继续说：**故物，或行或随；或歔或吹；或强或羸；或载或隳**。这是什么意思呢？老子告诉我们，这都是自然现象。有走在前面的，就有随在后面的。同样是吹气，有用歔的，就有用吹的。"羸"，是弱的意思。水性是很柔弱的。但是水真的弱吗？就算拿再锋利的刀子，也割不断它。"载"，就是安。载车而乘，当然安。"隳"，就是危，坐车而危。同样是车，把人载在上面，就叫安；掉到谷里面去，人非死不可，就叫隳了。

这些都没有什么奇怪的。在前在后没什么大不了，可能一会儿就变了。但是我们人很奇怪。比如排队的时候，看到前面的人，就会想：天天没有事干，就知道在这里争先恐后，讨厌！我已经很早了，想不到这个家伙比我更早！这就是人的本性。开口闭口都是别人的不是，其实回头看看自己，绝不会好到哪里去。

是以圣人去甚，去奢，去泰。圣人看到这些事情，会顺应自然，不走极端。"甚"，就是极端的意思。"去奢"，就是不奢华。奢华不会长久。大家看人们穿衣服就好了。有钱的时候，衣服怎么也穿不破；没钱的时候，衣服马上就破了，被子也旧了，房子也漏了。人生往往就是这样。"去泰"，就是不骄泰，不过度。

讲到这里，有人就问：如果我把这些做到了，不是很吃亏吗？谦虚就吃亏，因为大家都不谦虚；排队就倒霉，因为人家不排队。所以，老子马上提出来：修道以化天下。真正修道的人，要用好这个"化"字。修道的人应该尽自己的责任，来感化天下人。因为人心都是肉长的，唯一的办法就是感化。

修道的人应该尽自己的责任，来感化天下人。

——《道德经》的智慧

《道德经》第三十章说，"以道佐人主者，不以兵强天下"。因为"大军之后，必有凶年"。纵观历史，有许多强大的政权，都是通过"大军"建立起来的。那么这些"以兵强天下"的政权，最后的结果是怎样的？又给我们带来了哪些启示呢？

《道德经》第三十章，讲修道以化天下。

老子说：**以道佐人主者，不以兵强天下。其事好还。师之所处，荆棘生焉。大军之后，必有凶年。**用道来辅助君王得天下的人要记住，可以马上得天下，但不能拿武力来治天下。所以，赶快下马，让文人来治理天下。"不以兵强天下"，就是不用军事武力来雄霸天下，因为那是绝对不会长久的。

接着，老子又讲理由，为什么会这样呢？因为"其事好还"。战争这种事情，经常引起强烈而且快速的报复。我们都知道，杀人之父，人亦杀其父。这就叫作报。报，就是"好还"，一报还一报。那么，发动战争干什么？何况"师之所处，荆棘生焉"，战场附近，遍地都是荒芜的，都是杂草，都是废墟。"大军之后，必有凶年"，大战之后，好几年都是很凄惨的。破坏农耕，饥荒连年，发动战争的人终将自食其果。比如，美国当年在越南使用过化学武器，虽然仍然没打败越南人，可是那些遗毒，却使当地后来出生的小孩通通受害。

全世界的兵法都说要战争，而且要打赢，只有我们的《孙子兵法》，以不战为上策。我们炎黄子孙，真的要好好看一下。我们可能无法避免战争，但我们是不得已而战争。所以老子说：**善有果而已，不敢以取强。果而勿矜，果而勿伐，果而勿骄，果而不得已，果而勿强。**

"善有果而已"，有了结果，就要赶快停止，不要一直战下去。"不敢以取强"，不敢用军事威力来威慑、威胁人家，来雄霸天下。"果而勿矜"，有了战力，有了战争胜利的成果，不要自己认为了不起。"果而勿伐"，有了这一点点成果，不要自夸自耀。"果而勿骄"，打赢了，不要骄傲。"果而不得已，果而勿强"，要知道战争是不得已的，是非常手段。如果以战争来变成世界的强国，这是不会持久的。

物壮则老，是谓不道，不道早已。"物壮则老"，就像树木，茂盛的时候，就已经老了。"是谓不道"，战争是不人道的，所以叫不道。"不道早已"，违反自然走上这种不道之路，最后只会使自己早衰早亡。

其实，大家看看历史就清楚了。十九世纪，英国人花了一百年，在世界各地建立殖民地，号称日不落帝国。但是一百年后，当最后一个殖民地回归中国的时候，英国就完了。美国一百年来要当世界警察，现在大家心里对此都有数。当年小布什打伊拉克的时候，说伊拉克这样那样，最后大家发现根本不是，美国的信用就已经破产了。伊拉克经过战火，到现在还乱个不停。

这些都证明，老子当年讲的都对。凡是违反自然的发展规律，最后都会导致自己早衰早亡。从这一点可以看出来，老子是反战主义者。这也难怪，因为在那个时代，战争实在太多。几乎天天打，打得民不聊生，打得他连图书馆馆长都当不成，工资也领不到，只好西出函谷关。

因此，他特别提出，要以道化天下，不以兵强天下。下面一章，老子继续申述这个观点。

曾仕强详解道德经：道经·第十三集

老子反对以武力强天下，在第三十一章中指出，"兵者不祥之器，非君子之器，不得已而用之"。穷兵黩武带给人类的只能是灾难，但是如何才能避免战争呢？在第三十二章，老子就指出了避免战争的方法。这种方法是什么？我们又怎样才能做到呢？

　　老子《道德经》第三十一章告诉我们，不以兵强天下。因为你打别人，别人也会打你，这种事情的报复性是很强的。老子说：**夫兵者，不祥之器，物或恶之，故有道者不处**。战争这件事情，是一种不吉祥的手段，其实万物都不喜欢，但偏偏总有人喜欢发动战争。老子所讲的，都是根据事实而来的。"故有道者不处"，因此有道之士，是不会依靠武力的。

　　君子居则贵左，用兵则贵右。一般人以左为大，可战争的时候是以右为大。这在告诉我们，战争是非常手段，非不得已不可行之。我们都说男左女右，好像男女不平等，其实完全不是这样。一般人都是右手比较有力气，我们让女性同胞在右边，就是为了随时可以保护她。如果在我们的左边，发生危险想去拉她，也许因为左手力量不够，反而误了事。再说，我们现在的交通规则是靠右边走，当然右边比较安全，而人行道的左边多半是车道，接近车道，自然比较危险。一男一女走路，男的走在路的右边，女的却走在靠近车道的左边，合适吗？其实，所有的事情如果按照道理去推，我们都能够发现其中的道理。只不过很多道理，在流传的过程中，大家慢慢地搞不清楚了。就像男左女右，这是按照自然的规律，让女性同胞站在男性的右边，比较容易保护她的安全而已，根本不是男女不平等。

　　但是，用兵就不一样了，刚好采取相反的方向。这是在警告大家，战争是非常之事，不可以常常为之。革命也是一样，如果常常革命，国家经常动乱，百姓也不得安宁。所以，老子说：

曾仕强详解道德经：道经

兵者不祥之器，非君子之器，不得已而用之，恬淡为上。 凡是打仗，都是不吉祥的事情，它不是君子应该常用的东西，只有不得已的时候才用之。

我们看现在这个社会，刚好是相反的。很多国家拼命发展核武器。我相信很多人都搞不清楚：为什么有些国家发展核武就可以，而有些国家发展核武就不行？还说什么国际平等。比如，我有一千个核弹，你有十个核弹，各减一半，这公平吗？他十个，减掉一半是五个，你一千个，减掉一半还有五百个，怎么会公平？我们一天到晚讲国际平等，其实跟实际几乎都不相符。

现在，国与国之间造成一种很凄惨的平衡，叫作恐怖平衡。天天吓唬来吓唬去，到处游行，到处演习。那么，我们中国人能不能因为读了《道德经》，就整个变成从我做起呢？不可以。因为要等到中国再强大的时候，才能来化解，这也是我们的责任。时机不对，暂且按兵不动，以静待变，这才符合自然的规律。

> ——《道德经》的智慧
>
> 时机不对，暂且按兵不动，以静待变，这才符合自然的规律。

"恬淡为上"，意思是说，对战争这种事情要淡然处之，不要去强调。不需要讲我们是不喜欢战争的，也不需要讲我们是爱好和平的，没有人会相信这些。"恬淡"，就是现在大家很喜欢说的"淡定"。我希望大家说到做到，不要变成口头禅，嘴巴上讲讲，心里头完全没有那种想法，就糟糕了。

怎样才叫作淡然处之呢？老子说：**胜而不美，而美之者，是乐杀人。** 胜利不是什么美好的事情，如果把胜利当作美好的事情大肆庆祝，就是在向大家宣扬很乐意杀人。杀的人越多，越感觉荣耀，就叫作"好杀"。好杀是人类一种很残酷的行为，不值得

186

鼓励。

夫乐杀人者，则不可得志于天下矣。凡是把战争当作是美好的事情，到处以杀人为乐的，不可能得志于天下，不可能实现治天下的意愿，更不能谈什么地球村这一类的事情。

老子在《道德经》第三十一章结尾，再一次提到了"左右"："吉事尚左，凶事尚右。偏将军居左，上将军居右。"中国人自古"以左为上"，为什么却要让"偏将军居左"，"上将军"反而"居右"？"吉事尚左，凶事尚右"，又有哪些含义呢？

老子说：**吉事尚左，凶事尚右**。我们一般的礼仪，凡是好事情，或者正常的情况，都崇尚左边，以左为大，以右为小。但是战争这种凶事，刚好是倒过来的，以右为大，以左为小，跟葬丧一样，这叫作异常的礼制。

偏将军居左，上将军居右。如果是宰相的话，左宰相比较大，右宰相比较小。而将军就不一样了，左将军比较小，右将军比较大。所以说偏将军，其位置在左边；上将军的位置是在右边。老子的意思是在形式上告诉大家：兵者不祥之器也，少动为妙。从这些可以证明，中华民族的的确确是爱好和平的民族。外国人怎么想那是他们的事，我们身为炎黄子孙，一定要切记。

为什么偏将军要居左，上将军反而居右？老子说：**言以丧礼处之**。这种事情应该当作丧事来处理。如果有机会参加丧事的最后祭典，大家就可以看到，左边是比较小的人物，右边反而是比较大的，跟正常的位置是颠倒过来的。

杀人之众，以悲哀泣之。战争免不了要杀人，杀人的事情是不应该庆祝的，要用悲哀、哭泣来对待、处理。第二次世界

曾仕强详解道德经：道经

大战，我们胜利了，打败了日本，但是我们不太去重视胜利纪念日。有人说，我们胜利了，应该让全世界都知道。其实不做比较好，做了反而会让别人觉得好像我们中华民族是喜欢打仗的民族，是好胜的民族，这跟西方有什么不同呢？

战胜，以丧礼处之。取得胜利了，要把战争当作丧礼来处置，表示以后不希望再发生这样的事。老子处在当时的社会，对战争很厌恶，这种心情我们可以体会。就算几千年后的现在，我相信大多数人，也是不喜欢战争的。所以，对于这篇讲战争的文字，我们应该好好地汲取教训，以战止战，而不是好战求胜。

战胜，要用丧礼来处之，就是希望后代子孙汲取教训，不要再让这种不幸的战事发生。这样各位才知道，本来日本人要不要去祭拜靖国神社是他们的事情，我们去管他干什么？但是我们会管，而且全世界都很紧张。因为日本人去祭拜，就表示他们的军国主义又要复兴了，又想侵略人家了，这样别人怎么会不紧张呢？而且日本人老是说，这是他们的内政，这又是讲不通的。你杀人，你发动战争，你侵略别人，这怎么会是内政？

我们从整个《道德经》中可以看出来，老子是把所有事情都搞得清清楚楚之后，才一个一个给我们分析说明，希望我们真正把它当作为人处世，甚至于政治方面的宝典，好好参考。

战争带给人类巨大的灾难，但是如何才能避免战争呢？老子在第三十二章中，给我们提供了一个避免战争的方法：道化天下。道化天下为什么可以避免战争，我们怎样才能做到"道化天下"呢？

《道德经》第三十二章，讲的是道用，不是道体。因为道体是不分的，凡是分的一定是道用。道用，就是道的作用，道的功能。道化天下，讲的是道在化天下这方面所表现出来的功能，它有三大要领，我们一一来分析。

老子说：**道常无名，朴虽小，天下莫能臣**。"道常"，指道的常规、常质，倒过来就叫常道。常道是没有名字的，但偏道是有名字的，所以不能说道完全没有名字。

"朴虽小，天下莫能臣"。"朴"，就是本色，自然，无为，它代表无欲。一个人只要无欲，天下就没有任何人能够摆布他，能够把他当作部属、当作臣下来用。我们经常说一句话，无欲则刚。一个人只要没有欲望，谁都收拾不了他，谁都指挥不了他，谁都监督不了他。人就是因为有欲望，才有被人家利用、被人家指使、被人家操纵的可能性。

> 一个人只要无欲，天下就没有任何人能够摆布他，能够把他当作部属、当作臣下来用。
>
> ——《道德经》的智慧

从老子这几句话，我们应该清楚。如果讲本体的话，道是没有名字的，可是讲道的作用就开始有名字了。所以，我们一定要把道体跟道用分清楚。有人就有疑问了：不是说不要分吗，怎么还分呢？老子一再告诉我们，分是不得已的，要勉强来分，为了做研究而分，为了说明而分，而且要适可而止，不要养成分的习惯，什么都要分，就糟糕了。事实上，我们经常是要分的。因为人有了身体以后，自然就分了。如果回到道体，没有身体，也就没有分了。

就像小学生，两个人坐一个位置，一定要在中间画一条线，还要求对方，不要过线。甚至连上课都不听老师讲，老是看对方有没有过线，过线就打他。这就是分的结果。

曾仕强详解道德经：道经

但是，不分行不行？不行。我想天下事，难就难在怎么掌握这个度，那要很用心才行。我们说"朴"很好，但永远是朴就没有用了。朴自己不能成器，一定要琢它、磨它，才可以成器。成了器，就有了固定的用途，不能再做他用，这样就变为小用。所以，一旦成为器以后，就要小心，因为它已经无法通用了。

因此，我们应该做的是：第一个，尽量不要让朴变成器；第二个，变成器以后，不要过分固定它。但是现在都很固定，比如预算是买醋的，就不能买酱油；是买酱油的，就不能买盐。这不是很奇怪吗？预算是提前定的，怎么知道现在的酱油价钱如何？而且怎么知道这段时间需要多少酱油？这不是自欺欺人吗？

可是，我们说制度就是如此，这是人类自己造成的问题。最后怎么样呢？弄假发票，明明是买盐的钱，但是已经用光了，便让人家给开买酱油的发票。表面上看起来一模一样，实际上完全不是那么回事。这就是制度逼的。

这样各位才知道，为什么中国人一检讨，都说这个你没有错，他没有错，我当然也没有错，都是制度的问题。但是制度不能改，因为制度是很神圣的，我们要实施法制。如此下去，问题永远无法解决。

第三十二章中接着又说："侯王若能守之，万物将自宾……民莫之令而自均。""自均"和"自宾"分别是什么意思？我们如何才能做到"自均"和"自宾"呢？

在第三十二章中，老子提出了一个，到现在为止还非常难得的观念，叫作"自宾"。很少人注意到这两个字，我们只知道自由，却不知道老子有更可贵的自宾概念。自宾就是把自己看成地

190

球上的过客。我们本来就是地球上的过客，人生像旅途一样，来一次，走完旅程就回去了。既是来做客，自己就应该规矩一点，守分一点，小心一点，爱护旅途上的种种。如果每个人都有这种想法的话，很多问题就迎刃而解了。现在却不是，大家都认为这是我的，我就可以糟蹋，即使把地球污染了，还可以去月球、去火星再破坏。如果我们认为只是来地球做客，迟早要回去，就会很爱护环境、很守分，不会乱破坏。

老子说：**侯王若能守之，万物将自宾**。凡是这些领袖，这些大的领导人，如果能够守住朴，即无欲、无私、无我、无为，天下万物就会像做客一样来顺从。

在《道德经》第三章，老子已经谈到，真正的侯王要虚其心，弱其志。意思是说要让老百姓温饱，有坚强的体力来做修道的工作，而不是整天动歪脑筋胡思乱想，这是最高的境界。

老子告诉我们，人一定要自宾，不能用外力来加以干扰。一个团队，每一个人都应该认为自己是其中的一分子，大家都是来做客的，就像来自四方八面的人，正好同时住在一个旅店里面，要共同遵守这个旅店的规矩。早餐几点，晚餐几点，不能太早，不能太晚，而且进去要登记，不然怎么知道你是不是客人，大家都要主动配合。而现在的人，老觉得这样不对，那样不对，客人怎么能讲主人不对呢？老是认为主人不对，可以不来。如果能自宾，像这一类人，很自然地就懂得和谐，懂得配合。

接下来，老子继续说：**天地相合，以降甘露，民莫之令而自均**。天地相合，表示阴阳二气相通。我们可以看到，天空什么都没有。所以，要了解什么叫无为、无欲，看看天就知道了。天做了些什么？说了些什么？天上又有什么？其实什么都没有。既然没有，我们能否把天去掉呢？如果把天去掉的话，万物都不能

曾仕强详解道德经：道经

活。其实这就叫作无的大用。我们可以看到，地上有很多很多东西。而地上之所以会长那么多东西，就是因为天的关系，因为天降甘露。只要天降甘露，地上就会有蓬勃的生命。而天上的甘露正是从地上来的。太阳一照，地底下的水分变成水蒸气，慢慢上升变成云雾，最后结冰，冰散了以后又变成水，甘露就降下来了。

如果没有天，地是不会生长万物的。如果说天没有用，它却有大用；如果说地有用，它却不过是小用。有跟无的关系，从这里可以看得非常清楚。

"民莫之令而自均"，老百姓不需要任何命令，他们都会自均。"自均"，就是让万物平均发展。当然，平均这两个字现在已经被用坏了，好像一定要搞得一点儿不差。我们现在倒过来，叫均平。均平就是差不多平均，不要求绝对平均，绝对平均反而是坏事。各取所需，各尽所能，彼此互助互惠，不要争强斗胜，这样就很太平，而且也很和谐。

始制有名，名亦既有，夫亦将知止，知止可以不殆。创制的时候，不得不朴散为器，进而设官分职，各司其职，这才有政务的推行。而有了名以后，就会引起竞争。不竞争则已，一竞争就是恶性竞争。

现代社会就是一个竞争的社会，从学校的考试，到单位的考核；从人与人的攀比，到同行业的奖评，到处充满了竞争。为什么说只要有竞争，就会是恶性竞争呢？

有考核，就有人想造假，也就有人会投其所好。每次考核，大家都是不平，因为不可能平。有的是农业省份，有的是工业省份，用什么来衡量谁的绩效好？现在用GDP。GDP公平吗？根本

192

不公平。再怎么定标准，都是不公平的。

大家可以想见，凡是首长跟我们一起去打篮球，我们就很痛苦。因为下属得的分比领导多，领导的脸色就不好看。这还不算，因为还比较容易控制。若是对手赢得多，领导就更生气、不高兴：这种队还要跟他打，你不是找死吗？

所以，我们这些年轻人，如果跟领导一起去打篮球，一定要做一个领导不知道的事情，就是跟领导打交道时，不要赢太多。领导投篮的时候，不能让他吃火锅；我们投篮的时候，让领导尽量封杀我们。这样做没有关系，让领导进了才有面子，才高兴。而领导永远不知道内幕。这就叫"名亦既有，夫亦将知止"。要适可而止，不要说鼓励鼓励再鼓励，要求要求再要求，那最后都是偏的。"知止可以不殆"，"不殆"，是避免危险的意思。只要适可而止，就可以避免危险。倒过来，如果不能适可而止，最后一定是凶险的。

这一章最后，老子说：**譬道之在天下，犹川谷之于江海**。好像道是普天下都存在的，好像川谷跟江海的关系，即河川从山谷里面，慢慢汇集而成江河那样的自然。

我们可以改变的，也不要想一下子就去改变，因为那是做不到的。何况有很多东西，是我们根本不能改变的。所以，最好入乡随俗。人只要把自己看得很清楚，是不可能有太多自由的。自由、民主、法制，不过是讲得很好听而已。每一个人，尤其是年轻人，总觉得这些好，可实际上都做不到，便开始对这个社会失望，认为老师在骗他，认为这个社会不长进。但是看看远处，又认为都是好的，因为远处是看不清楚的。大家有没有发现，我们远远看着一棵树，都觉得好美，近看才知道千疮百孔。远远看一个人，认为这个人了不起，走进一看，才知道没什么。这说明，

曾仕强详解道德经：道经

远看跟近看差得太多了。

老子的意思是想告诉我们，所有外在的都是不重要的，只有我们内在的修道，才是唯一自己应该把握住，而且最重要的事情。但是，现在我们对修道，对提升自己的品德，并不太关心，我们的眼睛都在看外面的东西。

所以，接下来一章，老子表达了一个很重要的观念，叫作行道者，全其寿。老实讲，这句话害死很多人。很多人说道家可以养生，可以长生不老，而且还可以炼丹，甚至导致皇帝都中毒而死。可见，任何一句话，有它正面的功能，也有它负面的问题，我们读的人要小心。

"全其寿"，不是我们所想的不死，也不是延长寿命。天下哪里有不死的人？诸葛亮那么高明，只不过要求多活十二年，都做不到。全其寿的真正意思，就是让生生不已的道，能够不被忘记。所以，不要用我们错误的观念来看《道德经》。老子不会告诉我们，人可以不死，也不会告诉我们，人可以延长寿命。是后人拿这个东西进行商业化操作，骗财骗色，搞得乱七八糟。这是后人的不对，不是老子的错误；是我们误用了《道德经》，不是《道德经》写错了。

曾仕强详解道德经·道经·第十四集

《道德经》第三十三章告诉我们"行道者，全其寿"。表面看来，它的意思是说，行道可以长寿。而社会上有那么一些人，就是冲着健康长寿而去修道的。但是"全其寿"真的是长寿的意思吗？而"行道者"又指的是什么样的人呢？第三十四章说"常无欲，可名于小"，这其中的道理是什么？第三十五章说："执大象，天下往。往而不害，安平太。"太平的生活人人向往，但是怎样才能实现？这里的"执大象"究竟指的是什么呢？

　　《道德经》第三十三章，老子提出了一个很有意思的说法，叫作行道者，全其寿。他真正的意思，并不是要我们千方百计地活得久一点。

　　老子说：**知人者智，自知者明**。知道别人固然不容易，但是了解自己才是真正最难的。一个人能够了解别人，只不过是有智而已。如果能够了解自己，才叫作明。做到明，可不容易。

　　一个人要了解自己，就非有德不可。凡是没有德的人，想到自己时，第一个感觉就是自己没有问题，是好人。坏人大部分认为自己是好人，否则就坏不下去了。因为如果一个人知道自己坏，一般不会坚持下去。不知道自己坏，总觉得自己是最好的，这种人就不是明白人。

　　作为中国人，一定要做个明白人，这是非常重要的事情。有品德，才知道自己这个错了；有品德，才能够心平气和地去了解自己。现在，有很多人总结过去时，都不去反省自己的缺点。就算反省，多半两秒钟就解决了：没有问题，我很好，所有错都是别人的。而古人要反省自己，可是一件非常严重的事情。首先，他们会点一炷香。点这炷香，不是求神明，而是用来计时的，意思是要检讨到这炷香烧完了，才能够放过自己。其次，要喝一杯清水。告诉自己要内沐，即洗自己的五脏六腑，意思是洗净自己的内部。这样，这个人的品德修养就已经很好了。所以，"自知者明"，必须要有相当的品德修养，才能够真正地了解自己。

　　胜人者有力，自胜者强。有力跟强之间，毕竟还是差一点儿的。有力的人多半很莽撞，有多大力，出多大力，这并不是很好的现象。强不是这样，而是该用多少，就用多少；不该用的时候，一点儿力都不用；甚至还可以借力使力，自己不够，找别人一起来。这才叫作强，强是不容易做到的。

"自胜者强"，是在告诉我们，天底下最大的敌人，就是我们自己。比如，我们骂别人容易，把一个人赶开也容易，战胜一个人也不难，但是要战胜自己，可能要奋斗一辈子。战胜自己的人，才有资格叫作强者。实际上，我们老觉得在宠坏别人，其实大部分时间，是在宠坏自己。我们总是把眼光放在别人身上，从来没有转过来，看看自己。所以，这两句话，跟上面的"知人者智，自知者明"，其实是有相关性的。

> 战胜自己的人，才有资格叫作强者。
>
> ——《道德经》的智慧

下面就更妙了，老子说：**知足者富，强行者有志**。只要人有富有的观念，就说明他很穷。人不穷，怎么会有富的观念呢？所以，富不富其实并不重要。重要的是观念，因为富跟穷都是人自己的感觉。有时候你有一千块钱，就觉得很富有了；有时候有一个亿，反而觉得很穷，这都没有固定的标准，只是人自己的感觉而已。所以"知足者富"，其重点不在富，而在知足。一个内心很满足的人，才是最富有的。因为他心中没有穷，也没有富。

一个人知足不知足，完全是自己的修养。粗茶淡饭可能觉得很满足，山珍海味有时候反而觉得一点儿味道都没有。尤其是古代人，当吃到一顿大餐的时候，他会认为这可能是最后一餐。过去要把人推出去斩首的时候，都会给他很丰盛的酒食，告诉他心里要有准备，吃完这一餐就没命了。中国人是很有人情味的，事先都会让人自己明白，免得别人去告诉，让人觉得很突然。

"强行者有志"，这里的志指的是意志力。努力实践的人，才叫作强者。要努力实践，就要有很坚毅的意志力，不可动摇，这种人才叫作强者。只有能够战胜自己的人，才能做到这样。比如，明知道这次去，有千万人在那里等着准备给我难看，给我下马威，我还是要去。这就是孟子告诉我们的：虽千万人，吾往矣。该去就去，因为我有很坚毅的意志力。这叫作浩然之气。有浩然之气，才是真的强者。看到这样的人，别人自然就不敢怎么样了。

老子接着告诉我们："不失其所者久，死而不亡者寿。"这里的"不失其所"，是不失去住所的意思吗？"死"和"亡"是同一概念，怎么可以"死而不亡"？而"死而不亡"的人，又为什么可以"寿"呢？

老子在这一章的最后，告诉我们：**不失其所者久，死而不亡者寿**。一个人，时时刻刻不忘本，叫作不失其所。一个人流离失所，是最可怜的。晚上不知道到哪里去，不知何处是我家，就算这个人拥有世界上的一切，我相信很多人都不想这样。一个人如果不了解自己，那叫作流离失所。因为回归不了自己。说得再严重一点儿，人这一辈子总有一天要回去。但是回到哪里去，自己却不知道，这就是流离失所。记住一句话，回家永远是最安全的路。可现在很多人，搞得妻离子散，家不成家，就算是很富有，实际上也是流离失所的。失掉自己的"所"，就等于失掉自己的"本"，这样的人怎么会长久呢？

"死而不亡者寿"，我们一直把这句话解释成，人死了只是身体死了，但是精神永远不死。实际上，老子不完全是这个意思。老子是说，身体会死，精神不灭，这个层次并不是很高。真正的意思是，我们一个人死了，但是人类还会生生不息，还会持续地延长下去。这样大家才悟到：为什么无后为大？因为我走了，人类就没了。现在很多人就这样，不婚，不生，不育。他走了，人类就没有了。很多人说，结不结婚是自己的选择，生不生小孩是自己的选择。为什么不读读老子的书呢？做到死而不亡，不容易。做到了才叫作寿。这个寿是指全人类的寿，而不是一个人自己活多久。自己活多久又怎么样呢？活到60岁跟活到80岁，有什么不同呢？活到80岁跟活到120岁，又有什么不同呢？看起来都是相同的，都是短暂的。只要我活着，就不许人类灭绝，这是何等的豪气！但是，我一点儿不自私，我是为大家想，不要因为我一个人，搞得全人类都毁灭了，否则就是罪大恶极。

接下来一章，老子告诉我们，小跟大是什么关系。守小反而可以成大，能够小，就可以大，大了迟早会变小。这也是很玄妙的道理。

《道德经》第三十四章说："大道泛兮，其可左右。"有人把这句话解释成：大道像洪水一样泛滥，可以左也可以右。老子真的是用洪水来比喻"道"吗？这里的"泛"，应该怎么理解呢？

老子说：**大道泛兮，其可左右**。我们今天讲到"泛"，都说是泛滥。比如河水泛滥成灾，搞得大家很凄惨。这里的"泛"不是这个意思，而是说大道非常之大，大到无所不至。"其可左右"，不是说可以左，也可以右，而是根本没有左右的分别。大到没有上下，没有高低，没有左右，什么都没有。所以道本身，没有时间，没有空间，什么都没有，先天地而生，就算有一天天地真的灭了，道还是永恒存在的。如果一个人可以活到不死，还有什么时间、空间的概念？人之所以有这样的概念，就是因为人会死，才有急迫感，才会感觉到所剩无时，才要跟时间赛跑。可见，时间、空间都是人想出来的。因为人自己有限，所以就想到时间有限、空间有限。而大道就没有限，它只是以流水的方向，随时去动。但是不要以为它好像没有目标，其实它有一个目标，就是流向大海。水最坚持的意志力，就是向下流。人最坚强的意志力，就是力争上游。人生有目标，力争上游，但是没有方向。水好像没有方向，到处流，弯弯曲曲，但是它最后的目标是大海。

这样大家才知道，中国人开车也跟流水一样。外国人常常觉得很奇怪，红绿灯在前面，中国人老左右看干什么呢？外国人就看前面，是绿灯就通过，是红灯就停下来，不动别的脑筋。中国人都是在停的时候，赶快看看要不要转，甚至还要提前看。因为现在左拐有其拐弯道，右拐也有其的拐弯道，不像以前随时可以转。看看要不要转，可能马上就可以转。如果前面堵塞，就提前转个弯，干吗一定往前走呢？这都是受《道德经》的影响。大家不妨坐出租车试试，你跟司机说向前走，司机就不服气："什么向前走？你应该直接告诉我到哪里去。"有时候，司机要试试你是外地人，还是本地人，就问你怎么走，看你怎么回答。你说向前走，他就知道这个家伙很差劲。这就是为什么在中国说话，一开口人家就知道高低的原因。中国人开车，有既定的目标，没有一定的方向。哪里好走往哪里走，多拐一点儿没有关系。

接着，老子继续说：**万物恃之以生而不辞，功成而不有。**万物都是依靠道而生生不已，而道永远跟万物在一起。道的高明就是把它自己拉入万物之中，而不在万物外面。在外面要么主宰，要么控制，要么不理，道则不是这样。万物都是从道生出来的，

曾仕强详解道德经：道经

道永远跟万物在一起。但是它最了不起的，是两个字：不辞。不辞有好几个意思：不干预，不离开，不辞别。告辞了，就是要离开了。道从来没有跟人讲告辞，它一辈子跟着你，但是不干预你，好像不存在一样。这就叫作不即不离，若存若亡。好像在，又好像不在，一切都由你自己看着办。这也是中国人老叫人家看着办的原因。道不主宰任何人，每一个人都是自作自受。

"功成而不有"，功成我不占有，我不具有，我不拥有，我也不自夸有功，这很难。立了很大的功劳，但是完全不谈这回事。比如万物，都是道滋养化成，可是道对任何东西都不占有。我们人就是因为要占有，才搞得那么累。家里要有保险箱，保险箱越做越大，越做越重，就怕被人家偷掉。最后，所有东西都摆在那里，根本没有用，反而变成了它的奴才。想想看，有钱人最后都变成了守财奴。

衣养万物而不为主。"衣"，是覆的意思。像我们穿衣服，就是衣服覆盖在躯体上面。道抚育、滋养万物，但是不做任何物的主人。中国人没有上帝，就是因为我们没有造物主。我们自生自养，自作自受，还要什么造物主？

《道德经》第三十四章接着说，"常无欲，可名于小"。在现实生活中，人们往往视名利为"大"，比如钱财、官位；视不用钱就可以享用的东西为"小"，比如空气、河流等等。那么，老子是如何看待"大小"的呢？

老子说：**常无欲，可名于小**。道永远无我无欲，没有任何企图。什么叫作小呢？比如，空气很小，日光很小，水很小，但是都非常重要。空气多到不需要用钱买，我们还怕没有空气吗？

水也很平常，取之不尽，用之不竭，我们还怕没有水喝吗？但是当我到了美国，第一次发现水需要买的时候，我真是很惊讶：这算是什么国家呢，连水都要买？当然，现在买水是很自然的事。水越来越珍贵，就是因为它不小了。永远无私无欲，没有任何企图，因此我们看它很小，因为它对我们不构成威胁，也诱惑不了我们。就像小孩，给他一颗糖果，他就很有兴趣，可给他一杯水，他就没有什么反应。

接着，老子继续说：**万物归焉而不为主，可名为大。以其终不自为大，故能成其大。**万物都以道为本，而最后又复归于道，但是道不为万物的主宰。日光、空气、水，都被人看轻，都被人认为不重要，所以它才是真的大。说黄金很珍贵，但很多人一辈子不要黄金，它就大不了。大家要好好去体会一下老子的苦心。

老子告诉我们，大道本来没有时空的限制，是人自己有各种各样的感觉。对人来讲，时间能够摧毁所有的东西，没有一样东西经得起时间的考验，这样我们就觉得时间了不起，时间很宝贵。而对道来说，它没有分别心，不规定你，也不帮助你，你要活多久，由自己去掌握，这才是道的厉害之处。

人有地盘的观念，觉得空间很重要，所以一辈子为了立锥之地而努力奋斗。现在所有的事情，都讲竞争。如果问什么叫作竞争，中国人讲得最清楚，就是抢地盘，占地为王，谁抢到地盘谁势力大，别人就不得不听他的。中国人专门会抢地盘。比如新婚夫妇，大喜之日表面高高兴兴的，但是心里都在想要抢到什么样的地盘。一到新房，谁先去开门，谁就是想当主人。新娘去开门，就告诉新郎：这是我的房子，是你跟我住，不是我跟你住。今后我是主人，你客气一点，搞不好我会把你扫地出门。新郎去开门，就是告诉新娘：我要跟你结婚，不能没有一个房子，我开

曾仕强详解道德经：道经

门，并不表示这个房子是我的，因为这是我的责任，所以这房子是我们两个的。但是一般人看不懂，把它说成什么男尊女卑、重男轻女，我真搞不懂这种人是怎么想的。我们中华民族是全世界最尊重女性的一个民族，却被曲解成为我们最不重视女性。对于老子的"知其雄，守其雌"，我们真的没有读通。

大道本来是没有空间、时间的，是人自己有这种感觉。对于这种感觉，要怎样好好地利用，这才叫作修养。接下来，老子要告诉我们，我们只有一条路走，叫作执大象以行天下。

《道德经》第三十五章说："执大象，天下往。往而不害，安平太。"太平的日子人人向往，但是怎么样才能实现？老子所说的"执大象"究竟指的是什么呢？

第三十五章，老子说：**执大象，天下往。往而不害，安平太。**大象，就是生生不息之道。道，它不能执。道那么大，无形无象，怎么去执呢？这里的"执大象"，就是惟道是从，即遵道而行，这样就可以通行天下了。"天下往"，天下哪里都可以去。我们已经讲过很多次了，道最了不起的，就是它永远与万物同在，但是它不主宰万物，所以它永远生生不息。

"往而不害"，就是说不管去哪里，都不受外界的阻挠，而不是说到哪里都不害，那就表示道有害了。凡是讲到不害，马上想到有害的，就是心里有害。一个人说自己不会害人，迟早会害人。所以，中国人告诉你他很守信用时候，你就要提高警觉了：他常常不守信用，才会讲这句话。凡是跟你讲钱财是身外之物的人，也要提高警觉：最爱钱的人经常这样讲。心中没有这个，怎么会讲出来呢？其实我们都很诚实，这叫不打自招。

"安平太"，"太"，实际上是泰卦的泰。这里不用"泰"字，是因为泰卦下面就是否卦，所以用"太"。意思是告诉我们，太平才会安好，太平才是真正的安好。我们不过是宇宙的过客，我们只求安平太。

接着，老子说：**乐与饵，过客止**。"乐"，就是音乐；"饵"，就是美食。就像我们到了一个地方，本来想住一宿就走，可是却会因为音乐难得、美食太好而留下来。本来是过客，反而要多住几天。其实，这种解释不是老子要的，因为这是平常现象。没有读通老子书的人才会这样说：这里有半个月的音乐节，我事先不知道，我们干脆改变后面的行程，在这里跟大家玩半个月。这就是一般的常人，没有很高的智慧。

"过客止"，意思是说虽然看到这么热闹，还有意想不到的好吃的东西，却会自己控制，做到适可而止。其实，吃一次跟吃一百次是一样的，干吗非要吃到一百次呢？说不定还把自己的胃口吃坏了。既然是过客，听到悦耳的音乐，看到好吃的东西，即使以前没听过、没吃过，也应该适可而止，因为自己是客人。

老子告诉我们，有没有害，能不能止，其实跟外界没有关系，都是我们自己的内心在做决定。那边正好是音乐节，你就流连忘返，所以耽误了正事。说不定这一逗留，在那边意外出了车祸，人就回不去了。但是，大多数人都会觉得难得，要多留几天。其实，这些东西多的是。一旦人的心里认为是美的，它就是美的。

道之出口，淡乎其无味。道这个东西，是不能拿来讲的。出口就是用嘴巴讲出来，讲出来就是淡然无味的。我们讲这些道理，听起来都很平凡，老子专门讲很平凡的事。正是因为我们要求新、求变、求急，所以才搞得怪模怪样的。现在的人，比以前的人更怪模怪样，搞得人不像人，还觉得很时尚。出口是挂在嘴边上，一天到晚地讲道。最后，自己却没有做到。更何况，对于讲道，很多人都不想听。但是连知道都不知道，又怎么能做得到呢？

"淡乎其无味"，它本来就无味。因为很平常，才叫常道；如果很奇怪，就不叫常道了。中国人都讲常，伦常、五常、家常便饭，都是常。那么，现在人到底是越来越无知，还是越来越没有福气？我真的不知道。实际上，道的平淡，是大家用惯了，才觉得它平淡。对新鲜事，一阵时间之内会好奇，这是人之常情，我们绝对不反对，只要能够返回来就好。老子苦口婆心多次告诉我们要返璞归真，就是这个意思。现在，什么叫反省自己呢？就是一看不对，赶快返璞归真，而不是记下自己今天犯了三大错误，过一段时间，又犯了三大错误，这是毫无意义的事情。甚至，有很多人写日记，也是写给别人看的，而不是写给自己看的。

视之不足见，听之不足闻，用之不足既。"既"，是尽的意思，就是我们平常所讲的不够看、不够听，还以为有什么新奇、特别的东西，原来这么平淡，但是用起来永远用不完。这是在告诉我们，道不是用来讲的，而是用来实践的，用来自己"行"的。自己考核，自己改善，自己调整，不怨天不尤人，跟别人毫无关系，永远用不完，叫作"用之不足既"。

《道德经》看起来平淡无味，却够我们用一辈子。

——《道德经》的智慧

道不是用来讲的，而是用来实践的，用来自己行的。

曾仕强详解道德经：道经·第十五集

《道德经》分为《道经》和《德经》两部分，其中《道经》一共三十七章。在第三十六章中，老子提出了"柔弱胜刚强"的思想。可是在现实生活中，我们经常会看到弱肉强食，弱者被欺负的现象，"柔弱"真的能胜"刚强"吗？第三十七章是《道经》的最后一章，老子在此章对《道经》进行了总结："道常，无为而无不为。"为什么看似矛盾的话，老子却说这就是"道常"？这里的"无为"和"无不为"，分别有哪些含意呢？

《道德经》第三十六章，讲阴阳变化的自然律。老子说，阴阳变化有一个自然的起伏、转折、改变。这一章，我们常常认为是老子搞阴谋的一个证据。

老子说：**将欲歙之，必固张之；将欲弱之，必固强之；将欲废之，必固举之；将欲取之，必固与之。**有人说，这不是阴谋是什么？老子告诉我们，这些不过是自然的现象，没什么可紧张的。

"将欲歙之，必固张之"。"歙"就是收缩。要让什么东西收缩，就先让它张开，一张开，一用力，它就收缩了。花如果没有开，怎么会谢呢？当花盛开的时候，我们就知道用不了多久，它就谢了。昙花仅开一晚上，到了白天整个就凋谢了。月亮很圆的时候，第二天就开始缺了。这些没有什么稀奇的，也不算搞阴谋。

"将欲弱之，必固强之"。历朝历代，都是达到强盛了，才开始衰弱。强与弱是相对待的。对比强盛的时候，才知道已经衰弱了。我们中国朝代的轮替，经过了很多次。周朝强了，到东周就开始弱了。明朝强了，到崇祯皇帝就弱了。满清也是一样，康熙不得了，到最后也衰弱了。这都是自然现象。

"将欲废之，必固举之"。要让它倒掉，先让它升高。股票一直升，说明它很快就要跌了。一个公司不可一世，可能不久就倒闭了。一个运动员在这届运动会成绩很棒，可能下一届就排不上名了。这些都不是人为的，而是必然性，这就叫作必然律。

这些是阴谋吗？有人说：鬼谷子用的就是这种方法。那是

曾仕强详解道德经：道经

鬼谷子的事。老子只讲道理，大家要怎么用，悉请自便，这才叫作道。老子讲了道后，再规定我们怎么解释，怎么应用，岂不是说明他本身就不道了吗？所以老子讲归讲，大家爱怎么听就怎么听，要怎么用怎么用，他根本不管，也管不了。

鬼谷子告诉我们，一排人坐在那里，想杀其中一个很难，说不定会误杀了别的人。所以唯一的办法，就是叫他站起来。他一站起来，比别人高，事情就好办了。但是，他会主动站起来吗？当然不会。这就要设计，千方百计地让他在不知不觉中站起来，然后一枪毙命。这样就形成了以后的高帽子政策，拼命说他好，给他高帽子戴，他戴上之后晕头转向，这时候再一枪毙命。

所以，人家捧我们，我们要特别小心；人家赞美我们，我们要提高警觉。连阎罗王都逃不过这一关。有个人死了，被抓到阎罗王跟前去。阎罗王就问他："你可知罪？"他说："我有何罪？"阎罗王说："你一生到处给人家戴高帽子，害死那么多人，还敢说自己没有罪？"他说："没有办法，都是那些人笨。像阎罗王您这么英明，再怎么给您戴高帽子都没有用啊！"阎罗王说："也对，你说得蛮有道理，那就赐你无罪。"我们看，阎罗王被戴上高帽子，他也糊涂了。

因此，每当听到别人讲要鼓励人，说好听的话，我就觉得很奇怪：这是想害死多少人？比如现在的小孩子，若只能听好听的话，以后就经不起挫折，克服不了磨难。如果常常被骂，提早适应，以后遇到困难，反而比较容易度过。有的父母舍不得骂孩子，还说是爱的教育，我们也没有反对。老实讲，孔子、老子都不反对任何事情，反正都是自作自受。你要听是你的事，要做也是你的事，反正最后自己要承受后果。

"将欲取之，必固与之"。很多人一说起美国，就认为好了不起，到处援助人家。真的是这样吗？拿四个人打麻将来说，一家赢，三家输，而且是输光光，那还能继续打吗？当然能。怎么办？很简单，赢家把钱掏出来，借这个五百，借那个三百，借另一个两百，之后继续打。继续打继续赢，然后记账。输的越欠越多，赢的越赢越多，而且大家都有得玩，这就叫"美援"。但是看不懂的人，觉得美国人了不起，到处给人家钱，没有那回事。

要给别人东西，应该完全没有目的，无私无我。给别人任何东西，只要还想着要回来什么，都不叫道，都不是老子所主张的。对于无私的奉献，人们当然很欢迎；而想交换什么东西，想从别人身上赚得更多的东西，这就不好了。将要被剥夺的时候，就是别人给予很多的时候。有的人贪得无厌，自食其果，是怪不得别人的。

老子对以上四组现象做了一个总结："是谓微明，柔弱胜刚强。"但是，柔弱真的能胜刚强吗？在现实生活中，为什么经常会看到弱肉强食，弱者被人欺负的现象？老子所说的柔弱，究竟是什么意思呢？

老子说：**是谓微明，柔弱胜刚强**。这里老子所讲的柔弱，不是我们一无所能那个柔弱，而是先要知道刚强，才可以柔弱。完全不知道什么叫刚强，还来柔弱，是不行的。很多人读书没有读通，就说要柔弱，最后只能自己吃亏。吃亏到最后，就使得人对柔弱失去了信心。比如我们读《论语》，读到最后，对仁义失

曾仕强详解道德经：道经

去信心。好人永远吃亏，讲信用的一定倒霉，那还要做好人干什么？讲信用干什么？读《道德经》，读到最后，也是如此。人家争我不争，那不是一定会倒霉吗？这就是因为不晓得什么叫不争，不懂得什么叫作无为，不知道什么叫作柔弱的缘故。柔弱是懂得刚强以后，舍得守着弱这一方，才能发挥很大的作用。否则，根本就是任人宰割了。

我们看以前的人，就会觉得很高明。我请问各位女士，如果你的先生晚上很晚才回来，你当妻子的会怎么样？如果一进来就怒目而视："你今天又加班了吗？怎么天天加班？到底跑哪里去了？"搞不好先生掉头就走了。如果先生再晚回来你也无所谓，他就会回来得越来越晚，甚至好几天不回来。那是你把他宠坏了，谁叫你这么柔弱呢？可是你一刚强，又闹翻了。怎么办呢？

以前的太太就不会这样。先生晚上回来很晚，但是他眼睛会看："怎么桌上晚饭还放着不动？"太太也不说话，就让先生自己去看，他又不是瞎子。先生说："我打电话叫你先吃晚饭，你怎么不吃呢？"太太不能说你还没有回来，我要等你回来一起吃这样的话，否则就是自我作践，就是讨人情。以前的太太很高明，她会说："我不饿。"不是为先生才不吃，而是自己不饿而已。这样，先生就会不好意思："以后不要这样等了。"太太也不说话，把饭菜拿去温一温，热一热。让先生坐立不安，他自己会反省，自己会改过。这就是"柔弱胜刚强"，这就是"将欲歙之，必固张之"。我们应该好好去应用，这不是阴谋。什么叫阴谋呢？就是存心想得到某种结果。如果我是自然这样做，你也不违反自然，什么事情都合得来，都好商量，这样就叫作无为而无不为。

教育孩子也是一样。小孩考不及格，如果家长按六十分算及格，考三十分打三十下，考五十分打十下，他以后就会把成绩单撕掉，不给你看了，回家还会骗家长：老师请假了，老师生病了。这都是家长逼他的。

老子在这一章的最后说：**鱼不可脱于渊，国之利器不可以示人**。鱼，是不能离开深水的，一离开深水就活不了。鱼在深水里，觉得自己自由自在，感觉不到深水的存在。而深渊，也没有必要说自己怎么变幻莫测。

"国之利器不可以示人"，国家有比人家优越的武器，却不展示给别人看。一旦展示给别人看，别人一定研发出更高级的对付自己。当今各国恶性地发展军备，就是因为每个国家都想要拼命地展示。老子的这句话，是所有西方国家都应该反省的。

有一次我在英国，正好碰到美国的警察，组团去拜访英国的警察。西方人很喜欢在电视上交流，于是电视台就做了转播。一边是美国警察，另一边是英国警察，双方开始交流。美国人比较喜欢先说话，英国人比较深沉稳重，他们就让美国警察先说话。美国警察开始就问英国警察："你们怎么可以不带枪呢？"英国警察是从来不带枪的。英国警察就回问美国警察一句："你们怎么老带枪呢？"美国警察说："我们如果不带枪，都要死在盗匪的手上。我们是为了防卫，不是为了杀人。"而英国警察说："我们如果带枪的话，就暴露了我们的武力，那些盗匪一定会提高他们军火的等级，最后我们会死得更惨。"双方讲的听起来都有道理，因为都是歪理、偏理。一个不带枪，一个带枪，我现在也请问各位：到底警察应不应该带枪呢？

这个问题还是留给各位自己去想。如果带枪，经常出现防卫过当；如果不带枪，就是想防卫过当，也无从做起。可是如果不带枪，真的很危险，尤其是警察在亮处，盗匪都在暗处，随时可

曾仕强详解道德经：道经

以取人性命。美国人带枪，英国人不带枪，最后都不敢单独行动。两个人一起出去，这边归我巡逻，那边归你巡逻，你保护我，我保护你，不然怎么办？这就是因为利器都已经展示出来了。

我们现在动不动就要透明化，要展示给别人看。实际上，西方人现在之所以越来越搞不过东方人，就是因为只要一公开化，东方人一定占便宜，西方人一定吃亏。西方人个性比较直，说公开化就真的公开化，连还没有完成的都公开化。中国人则是，这些可以公开的，我就公开化，不能公开的，就是问我也不说，这样才能永远占上风。但是，西方人觉得东方人这样做不对，因为不透明化，就开始利用这一点来攻击我们。各位自己去想想，我们该怎么办？读完《道德经》以后，我们对现实的状况，应该知道怎么办了。

其实，老子的话并不是这样的意思。展示不展示，对老子来说都一样。他是说，国家应该有好的武器，国防是不可舍的，这叫作防人之心不可无。但是如果有了武器，就到处去逞强，到处去跟别人联合军演，无意中就会把某些数据展示给了别人，最后一定倒霉。因为别人一定想尽办法超越我们，这叫自讨苦吃。而自讨苦吃又不能自得其乐，那又何必做呢？

《道德经》分为《道经》和《德经》两部分，第三十七章，正是《道经》的最后一章。老子在最后这一章中，做了一个总结，这就是"道常，无为而无不为"。这里的"无为"和"无不为"分别是什么含义？它们是相互矛盾的吗？为什么说这就是"道常"呢？

《道德经》第三十七章，老子一开始就讲：**道常，无为而**

无不为。"道常"，就是道的常规。但是重点不在无为，而是在无不为。不是什么都不做，而是做得合道；只要合道，不做就不对。道常，真正的功效在无不为。但是只有透过无为，才能够真正的无不为。否则，每做一件事情，都会造成一大堆后遗症，甚至不可收拾。

现在人就是这样。不做还好，越做天下越乱；不做还好，越做大家越忙；不做还好，一做后面的人就没有办法收拾。这叫作一堆烂摊子。后人要收拾以前的烂摊子，才搞得这么辛苦。既是如此，当时不那样做不就没事了吗？如果不把河流污染成那个样子，现在干吗要用那么多钱，费那么多心思来整治它？当初不是为了要赚那么多钱，现在何必这么辛苦？

每一个人都一样，年轻的时候觉得身体是自己的本钱，拼命赚钱，想要挖掘人生的第一桶金。很多人就是被"掘第一桶金"这句话害死的。我不相信有什么第一桶金。如果读过老子的书，我们就不会讲这句话；如果读通了孔子的书，也不会讲这句话。因为那是会害死人的。既然讲了，就要自己去承受后果；愿意被它害的，也要自作自受。

自然是"无为"的，它没有什么用意。云散了，太阳出来了，星星闪耀，月亮圆了，都是自然而然的，没有用意。月亮不会说：我圆了，大家来庆祝我的生日。但是人却会。

我倒要问问各位：我们为什么要过中秋节？不要只知道吃月饼。因为八月十五这个晚上，是一年当中月亮的能量最强的时间。这一天晚上，潮水的力量很强劲。而人的体内，百分之七十以上是水。当月亮的能量很强劲的时候，人是把持不住自己的。换句话说，这一天晚上，是一年中人最容易犯罪的一个晚上。制定规定都没有用，还会越规定越乱。所以，我们的祖先就很巧妙

曾仕强详解道德经：道经

地说，八月十五的晚上，难得天上月亮这么圆，我们弄些象征性的月饼，月饼还要做大一点，一家人团圆在一起共同分享。大家吃得饱饱的，赏月聊天，哪里有时间去做坏事。但是不能提醒，说今天晚上不能做坏事，否则反而给了某些人暗示。这才叫作无为，最后的成果就是无不为。

老子接着说：**侯王若能守之，万物将自化**。当王当侯的人，都是一方之主。现在，有人听到天圆地方，觉得中国古人真是可笑，没有科学常识，地怎么是方的呢？这个人才可笑。本来就是天圆地方。各位如果有耐心，有兴趣，可以花一点点时间，把全世界的地图拿出来，沿着每个大陆的海岸线去剪，剪完以后，把各个图拼起来，就是一块方的图。其实，在古老的时候，地只有一块，是方形的，正中央就是新疆的和田。但是后来人心分了，心一旦不齐，一切就都乱了。河流冲击以后，干脆分成五大洲。

老实讲，地球是圆的，谁都知道。但是，地为什么要是圆的呢？如果地球是一块土地，那当然是圆的。但是地球里面，百分之七八十是水，土地只有一点点。把地球跟地合在一起，这不是糊涂吗？因此，地球是圆的，地是方的。不要自作聪明，不要自以为是，天圆地方就是天圆地方。

"侯王若能守之"，作为一方之主，就要好好地遵守自然规律。至于如何遵守自然规律，读《道德经》读到现在，就是两个字，叫作守虚。第一，要谦虚；第二，要没有自己的意见；第三，不坚持任何事情，一切看着办。这样，"万物将自化"。所有的事情，都会自自然然地按照规律去变化。而要让事物变化，就不能要求整齐划一。因为每家的状况都不一样，正如五个手指头伸出来都不一样长。如果五个手指头，伸出来一样长，好不好？那样人肯定完蛋了，拿东西不方便，洗东西也不方便，做什么都不方便。为什么一定要把它搞齐了呢?

我们现在就是这样,都制度化了,全国都一样,这就糟糕了。有的省是农业省,有的省矿产非常丰富,有的省靠海吃海,有的省靠山吃山。如果用统一的标准来考核,那就只好作假了,只好不顾地方的实际,弄一些可以提高成绩的东西。天下大乱就是这样造成的。

俗话说,天下本无事,只因人生事。自然界有其自在的规律,如果一切顺其自然,当然天下无事。但是,人类为了满足不断增长的欲望,常常人为地去破坏自然的规律。那么老子认为,应该如何应对人类的贪欲呢?

老子说:**化而欲作,吾将镇之以无名之朴**。这是拿人来讲。前面是讲物,它是真的能够做到无为而无不为。而人开始自生自长的时候,就产生一种贪欲。"欲",就是贪欲。欲在老子的书里面,多半都是贪欲。除非无欲,否则就是贪欲。

老子说,为了生存,人的欲望是正常的。这个不要,那个也不要,人就活不了。所以,老子所谓的欲,都是多余的欲,即贪欲。"化而欲作",就是人自生自长的时候,贪念就出来了。那怎么办?"吾将镇之以无名之朴","吾",就是道。当人一念生出的时候,要把道家所教的那些修道的方式、修道的要领,拿出来镇住这种很难控制的欲望。人,不可能没有念头,而且念头很多。念头一动,就要用自己内在的东西控制它,适可而止。这个东西,就叫作无名之朴,因为它本来就没有名字,可它是存在的。就是老子很喜欢用的这个"朴"字。它没有经过雕琢,没有经过人工的做作,没有广告,没有包装,什么都没有,而且都在人身上，随时都有，搬出来就可以用。这就是"杜外以养中"。里面叫作精、气、神，外面叫作目、口、耳。

我们知道，在五官里面，眼睛跟嘴巴是可以开关的，鼻子跟耳朵始终是开的，关不了。眼睛可以开关，就是叫人闭目不看。看那么多干什么？嘴巴可以开关，就是叫人不要说话。说错话遭人讨厌，老说话干什么？这就叫修养。一个人的修养，就是本来想讲话的，却能够把它化于无形。本来想看的，不是装着没有看到，而是认为无所谓，怎么样都好。

眼睛是最容易受引诱的，耳朵也是最容易受引诱的。但是，耳朵封闭了以后，消息就不灵通，有时候甚至会害死自己。所以老天对人很好，人一出生，耳朵就开始退化，年纪越大，越听不进去别人的话，表现得越固执，这其实是老天在保护我们。"杜外以养中"，就是尽量减少目口耳的外界引诱，尽量充实里面精气神的修炼，这个就叫无名之朴。

无名之朴，夫亦将不欲。只要把无名之朴搬出来，就能安定自己的情绪，让自己乱七八糟的心静下来。"夫亦将不欲"，所有的贪念，都会很快地减少、消失，甚至根本不会发出来，这就叫作不欲。

不欲以静，天下将自定。不欲就会趋于平静，趋于心平气和，天下很自然地，就回复到安定的状况了。

天地本来是一个很大的化炉，叫作生化炉。万物都是自生、自育、自长、自造、自化的，这才叫作自然规律。这里可以引申出一句流传非常广的话，叫作天下本无事，庸人自扰之。天下本来没有什么事，却被某些人搞得乱七八糟，还说自己有功劳。

万物从无而有，起起伏伏，自生自灭，自作自受。大家如果知道这个道理，从小就会警惕，就会守分，就会自己管住自己，就不会求新求变，不会标榜自己，不会搞得天下大乱，自己也不会很苦恼。记住一点，不合道的，最好不要做，否则就是添乱。实际上，几乎我们每天所讲的话，都跟《道德经》有关，只是不知道罢了。

老子在函谷关写下《道德经》的时候，是分上下两经的，上经叫作《道经》，下经叫作《德经》。八十一章里面，前三十七章是《道经》，后四十四章是《德经》。我们现在已经把上经，大致上做了说明。接下来会继续跟大家一起来探讨下经，也就是《德经》。

不合道的，最好不要做，否则就是添乱。

——《道德经》的智慧